Grundlagen des Reisemittler- und Reiseveranstaltermanagements

Marktüberblick, Geschäftsmodelle,
Marketingmanagement, rechtliche Grundlagen

von

Prof. Dr. Torsten Kirstges

Oldenbourg Verlag München

Bibliografische Information der Deutschen Nationalbibliothek

Die Deutsche Nationalbibliothek verzeichnet diese Publikation in der Deutschen
Nationalbibliografie; detaillierte bibliografische Daten sind im Internet über
<http://dnb.d-nb.de> abrufbar.

© 2010 Oldenbourg Wissenschaftsverlag GmbH
Rosenheimer Straße 145, D-81671 München
Telefon: (089) 45051-0
oldenbourg.de

Lektorat: Wirtschafts- und Sozialwissenschaften, wiso@oldenbourg.de
Herstellung: Sarah Voit
Coverentwurf: Kochan & Partner, München
Gedruckt auf säure- und chlorfreiem Papier
Gesamtherstellung: Books on Demand GmbH, Norderstedt

ISBN 978-3-486-59716-5

Vorwort

Wir begrüßen Sie mit diesen ersten Zeilen zu unserem Lehrbuch des Reisemittler- und Reiseveranstaltermanagements. Lassen Sie uns kurz darlegen, was Sie in diesem Buch erwartet: Im *ersten und zweiten Kapitel* geben wir einen Überblick über allgemeine Grundlagen und Definitionen der Reiseveranstalter und Reisemittler und sprechen über die Besonderheiten der Touristikbranche. Wir gehen u.a. darauf ein, dass man Reiseveranstalter, Reisemittler und Leistungsträger nicht immer klar voneinander trennen kann und erläutern, durch welche Eigenschaften sich die touristische Dienstleistung von anderen Produkten unterscheidet.

Das *dritte und vierte Kapitel* verschaffen Ihnen einen Überblick über die Anbieterstruktur sowie die Nachfrageseite des Touristikmarktes. Sie lernen nicht nur die wichtigsten Verhältnisse auf dem deutschen Touristikmarkt kennen, sondern sehen auch, wie man eine Analyse des Reisemarktes durchführen kann.

Dazu noch ein wichtiger Hinweis: Um in der Tourismuspraxis erfolgreich arbeiten zu können, ist es enorm wichtig, dass Sie die Branchenverhältnisse sehr gut kennen und Informationen einordnen und bewerten können. Obwohl wir uns um eine konkrete, realitätsbezogene Analyse des Touristikmarktes bemüht haben, reichen die Informationen, die wir Ihnen hier liefern können, auf Dauer nicht aus. Ein Grund dafür ist, dass sich die Branche jedes Jahr, jeden Monat, sogar jeden Tag verändert, so dass unsere Analyse nie auf dem aktuellsten Stand sein kann. Sie sollten diesen Lehrtext deshalb als Fundament ansehen, auf dem Sie Ihre persönlichen, kontinuierlichen Erforschungen der Branche aufbauen. Schreiben Sie die hier angefangenen Analysen selbständig fort – nur so lernen Sie die Branche, in der Sie arbeiten (wollen), wirklich kennen!

Im *fünften Kapitel* lernen Sie die einzelnen Wertschöpfungsstufen der Reiseveranstalter und Reisemittler kennen und erhalten einen Überblick über deren Arbeitsweise und Organisation. Im Speziellen gehen wir hier auf die Einsatzmöglichkeiten von IT im Reisebüro ein, und Sie lernen zudem die gängigen IT-Systeme kennen.

Das *sechste Kapitel* beschäftigt sich in erster Linie mit dem strategischen Marketing-Management in der Touristik. Sie werden erfahren, warum es wichtig ist, dass Touristikunternehmen ihre Ziele und Leitbilder schriftlich festhalten und allgemein zugänglich machen, und Sie sehen, welche Aspekte bei der Analyse der Unternehmenssituation beachtet werden müssen. Danach erfahren Sie, welche Bausteine Reiseveranstalter und Reisemittler zu einem Strategieprofil zusammenfügen können und welche Konsequenzen die Wahl bestimmter Bausteine für das Unternehmen hat.

Auf dem strategischen Konzept aufbauend erarbeiten wir im *siebten Kapitel* ausgewählte Aspekte des operativen Managements. Sie lernen die Besonderheiten der Preiskalkulation der Reiseveranstalter und -mittler sowie die verschiedenen Provisionssysteme kennen.

Im *achten Kapitel* gehen wir dann abschließend in einem kurzen Überblick auf ausgewählte rechtliche Aspekte der Reiseveranstaltung und Reisevermittlung ein.

So erhalten Sie in diesem Band einen umfassenden Einblick in die Tätigkeiten von Reiseveranstaltern und Reisemittlern. Viel Spaß und gute Lernerfolge bei der Lektüre dieses Buches wünscht Ihnen

Torsten Kirstges

Prof. Dr. Torsten Kirstges

Inhaltsverzeichnis

1 Grundlagen und Definitionen

Lernziele

Am Ende dieses Kapitels sollten Sie Folgendes können:

- die Begriffe *Reiseveranstalter* und *Reisemittler* definieren und voneinander abgrenzen;

- den Begriff *Pauschalreise* und zwischen *Voll-* und *Teilpauschalreise* differenzieren;

- alternative Distributionswege touristischer Leistungen kennen und beschreiben

Bestandteile einer klassischen Pauschalreise

Weitere Informationen, Fallbeispiele und Übungen unter
www.tourismus-grundlagen.de

In der Regel ist es eine Vielzahl von Einzelorganisationen, welche jeweils zum Zustandekommen des touristischen Endprodukts, beispielsweise also einer Pauschalreise, beitragen. Angesichts der Komplexität der touristischen Leistung, die letztlich von einem Endverbraucher konsumiert wird, erscheint es daher durchaus gerechtfertigt, von einer *Tourismusindustrie* zu sprechen (s. auch Pompl 1994, S. 5-19, sowie Kaspar 1996, S. 11-13). Mit dem Begriff *„Industrie"* bezeichnet man heute auch nach Meinung des BDI (Bundesverband der Deutschen Industrie) eine zusammenhängende Wertschöpfungskette, also nicht mehr nur ein sachgutproduzierendes Gewerbe.[1]

Bei einer sehr weiten Begriffsfassung könnte man bereits die Bauunternehmen und Immobiliengesellschaften, die Hotel- und Appartementanlagen in den jeweiligen Reisezielgebieten erstellen, als einen Teil der Tourismusindustrie ansehen. Diese Immobiliengesellschaften erstellen die Anlagen und verkaufen z.B. den gesamten Hotelkomplex an Hotelgesellschaften oder sonstige Investoren (Priewe 1991, S. 157-169) oder veräußern die einzelnen Ferienwohnungen einer Appartementanlage an verschiedene private Anleger. Die so erstellten Unterkünfte bilden eine der wesentlichen touristischen Grundleistungen. Analog gilt dies für die Hersteller von Flugzeugen und die Airlines, die Hersteller von Bussen und die Busunternehmen, die Werften als Hersteller von Schiffen etc.

Aus den Grundleistungen werden entweder vom Leistungsträger selbst oder auf einer der nachgelagerten Produktionsstufen touristische Bausteine erstellt. Dabei ist es durchaus üblich, dass *eine* Kernleistung einen Baustein für sich darstellt. Aus diesen wird schließlich ein marktfähiges Angebot gestaltet. In beiden Stufen (Schaffung touristischer Bausteine, Gestaltung eines marktfähigen Angebots) spielen die Reiseveranstalter bereits eine zentrale Rolle.

Definition Reiseveranstalter

Als Reiseveranstalter (Tour-Operator) soll hier eine Unternehmung definiert werden, die eigene Leistungen sowie Leistungen Dritter (=Leistungsträger) zu marktfähigen touristischen Angeboten (Pauschalreisen) kombiniert und - i.d.R. mittels des Trägermediums Reisekatalog - für deren Vermarktung sorgt, wobei diese Pauschalreisen in eigenem Namen, auf eigene Rechnung und - unter reiserechtlichen Aspekten - auf eigenes Risiko angeboten werden.

Als wesentliche Veranstalterfunktionen können somit die Bereitstellung einer „gebündelten" Problemlösung sowie die Risikoübernahme gesehen werden.

---

[1]   die Tourismusbranche ist seit dem 1.1.2003 über den *BTW* Mitglied im *BDI*

Gemäß folgender Klassifikation können Reiseveranstaltertypen unterschieden werden:

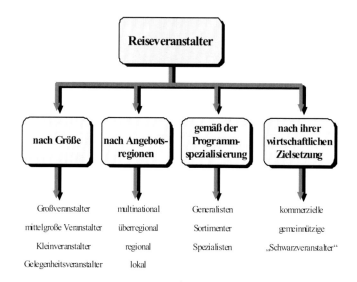

Abb.1.1:   *Klassifikation von Reiseveranstaltern*

(Quelle: in Anlehnung an Pompl, Touristikmanagement 1, S. 36)

Das Ergebnis, das marktfähige Angebot, wird somit als Pauschalreise bezeichnet, wobei üblicherweise zwischen Voll- und Teilpauschalreise unterschieden wird.

Definition Voll- und Teilpauschalreise

Eine Vollpauschalreise ist ein Dienstleistungspaket, bestehend aus mindestens zwei aufeinander abgestimmten Reisedienstleistungen, das i.d.R. im Voraus, evtl. auch erst zum Zeitpunkt der Anfrage, für einen noch nicht bekannten Kundenkreis erstellt und geschlossen zu einem Gesamtpreis vermarktet wird, so dass die Preise der Einzelleistungen nicht mehr zu identifizieren sind. Von einer Teilpauschalreise spricht man hingegen, wenn nur eine einzelne Reisedienstleistung von einem Veranstalter angeboten wird.

Pauschalreisende sind demnach Personen, die (Voll- oder Teil-) Pauschalreisen in Anspruch nehmen; *Individualreisende* sind hingegen Personen, die ihre Urlaubsreisen selbst organisieren, also keine Reiseveranstalterleistungen in Anspruch nehmen.

Das so erstellte, marktfähige Angebot wird schließlich vermarktet. Träger dieses Prozesses sind i.d.R. die Reiseveranstalter, wobei im Rahmen der Distribution den Reisemittlern (Retailern) eine zentrale Rolle zukommt.

Definition Reisemittler

Unter einem Reisemittler versteht man ein Unternehmen, das Leistungen von Reiseveranstaltern sowie touristische Grundleistungen (z.B. nur Beförderung durch ein Verkehrsunternehmen) in fremdem Namen und auf fremde Rechnung verkauft, somit also Leistungen Dritter vermittelt und – unter reiserechtlichen Aspekten – hinsichtlich der Durchführung der Reisen keine Haftung übernimmt.

Jahrzehntelang war in der Praxis tendenziell folgende grobe Funktionsteilung vorzufinden:

Leistungsträger: erstellen Einzelleistungen und stellen diese Reiseveranstaltern zur Verfügung.

Reiseveranstalter: kombinieren Einzelleistungen zu marktfähigen Angeboten (Pauschalreisen).

Reisemittler: vertreiben die marktfähigen Angebote der Reiseveranstalter sowie Einzelleistungen der Leistungsträger.

Daneben gibt es in den Zielgebieten vielfach so genannte Zielgebietsagenturen. Diese erfüllen u.a. folgende Aufgaben:

Aufgaben von Zielgebietsagenturen

- Unterstützung von Reiseveranstaltern bei deren touristischem Einkauf bzw. komplette Übernahme des Einkaufs für Reiseveranstalter;
- Organisation von Transfers (z.B. vom Flughafen zum Hotel);
- Gästebetreuung vor Ort, Ansprechpartner bei Problemen, Reiseleitung.

Darüber hinaus übernehmen Zielgebietsagenturen z.B. im Falle von Appartementanlagen für eine Reihe von Einzeleigentümern die Verwaltung und Vermietung der Appartements. Die eigentlichen Leistungsträger sind also die jeweiligen Eigentümer der Appartements, die ihre Ferienwohnung einem Endkunden für dessen Urlaub zur Verfügung stellen. Da sie sich nicht selbst um den organisatorischen Ablauf der Vermietung, die Überwachung, die Pflege, Reinigung etc. ihrer Unterkünfte kümmern können oder wollen, stellen sie ihr Appartement einer im Zielgebiet ansässigen Agentur zur Verfügung, die diese Aufgaben gegen Provision für sie übernimmt.

Diese idealtypische arbeitsteilige Struktur beginnt jedoch bereits seit einigen Jahren aufzuweichen. Durch Diversifikationsbestrebungen übernehmen einzelne Leistungsträger Veranstalterfunktionen, Reiseveranstalter suchen verstärkt direkte, reisemittlerumgehende Vertriebswege oder kaufen Zielgebietsagenturen auf, um sich Kapazität zu sichern, und Reisemittler betätigen sich selbst im Rahmen der Gestaltung marktfähiger Angebote.

Beispiele aus der Praxis

O So versuchen z.B. Reisebürokooperationen und -franchisesysteme seit etwa 2003 verstärkt, sich über eigene Handelsmarken gegenüber den Veranstaltern zu behaupten. *RTK* will im Zielgebiet selbst Hotels einkaufen, eigene Produkte kalkulieren und vermarkten. Zitat des Geschäftsführers, Herrn Bösl, vom April 2004: „Wenn wir als Händler mehr Geld verdienen können, werden wir eben Händler".

O TSS hat etwa zeitgleich unter dem Geschäftsführer Manuel Molina mit „*Travelers Friend*" eine eigene Marke und Produktlinie für die Mitgliedsreisebüros gegründet. Die Reisen sollen dem Kunden einen Mehrwert bieten – entweder billiger oder mit Extraleistungen versehen –, aber TSS produziert (zunächst) weitgehend nicht selbst, sondern übernimmt Angebote von Partnern (Reiseveranstaltern).

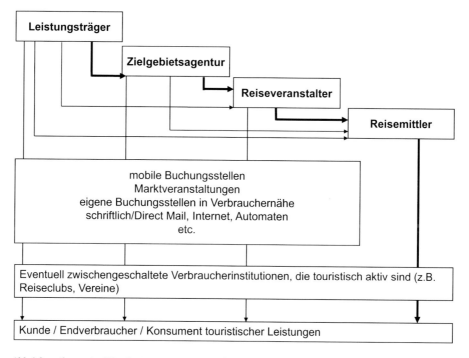

Abb.1.2: *Alternative Distributionswege touristischer Leistungen*

Entsprechend den aufgeführten Teilfunktionen und in Anlehnung an die Distributionswege im Konsumgüterbereich lassen sich verschiedene Formen der Distribution von Reiseleistungen darstellen. Die folgende Abbildung gibt einen zusammenfassenden Überblick über alternativ mögliche Distributionswege der Leistungen der wesent-

lichen touristischen Institutionstypen und damit über die verschiedenen Leistungs-
bzw. Wertschöpfungsebenen der Tourismusindustrie:

Spätestens seit der Jahrtausendwende versucht nahezu jede Wertschöpfungsstufe, auf
allen Wegen die eigenen Leistungen zu distribuieren („Multi-Channel-Vertrieb").
Dabei werden immer wieder neue Versuchsballons gestartet, bestimmte Vertriebskanäle mit besonderen Konditionen zu pushen: Airlines verkaufen ihre Tickets im Inter-
netvertrieb billiger bzw. mit einer geringeren Service-Fee, nicht mehr über Reisebüros, die Bahn bietet Sonderpreistickets nur über branchenfremde Wege etc.

Zum Nachdenken:

In diesem Zusammenhang kam die Forderung nach der „Chancengleich-
heit" der Vertriebswege auf: Soll – bzw. „darf" – z.B. ein Veranstalter andere Produkte und/oder andere Preise über z.B. den Direktvertriebsweg
Internet anbieten, als er dies dem Reisebürovertrieb offeriert? Sind die
Veranstalter dem Reisebürovertrieb gegenüber nicht moralisch zur Treue
verpflichtet, denn schließlich sind viele durch die Verkaufsunterstützung
„ihrer" Reisemittler doch erst groß geworden. Wie ist Ihre Meinung dazu?

Wichtige Erkenntnisse

- Als wesentliche Veranstalterfunktionen können die Bereitstellung
  einer „gebündelten" Problemlösung sowie die Risikoübernahme
  gesehen werden.
- Eine Vollpauschalreise ist ein Dienstleistungspaket, das aus
  mindestens zwei aufeinander abgestimmten Reisedienstleistungen besteht und das i.d.R. im Voraus für einen noch nicht bekannten Kundenkreis erstellt wurde und geschlossen zu einem
  Gesamtpreis vermarktet wird.
- Neben den klassischen Reisebüros gibt es noch weitere Distributionswege zum Vertrieb der touristischen Leistungen.

Vertiefungsfragen

? Vor über 150 Jahren veranstaltete ein Engländer die erste – überlieferte – Pauschalreise. Wodurch zeichnet sich eine solche Pauschalreise, auch nach heutigem Verständnis, aus?

? Wie lassen sich Reiseveranstalter und Reisemittler voneinander abgrenzen?

Literaturhinweise

- Hebestreit, D., (Touristik Marketing) Grundlagen, Ziele, Basis-Informationen, Instrumentarien, Strategien, Organisation und Planung des Marketing von Reiseveranstaltern. Ein Handbuch für den Praktiker, 4. Auflage, Berlin, 2000.
- Kaspar, C., (Tourismuslehre), Die Tourismuslehre im Grundriss, 5. Auflage, Bern/Stuttgart/Wien 1996.

  Pompl, W., (Touristikmanagement 1), Touristikmanagement 1 – Beschaffungsmanagement, Berlin/Heidelberg/New York 1994. .

2 Besonderheiten der Touristikbranche

Lernziele

Am Ende dieses Kapitels sollten Sie Folgendes können:

- die Besonderheiten der Touristikbranche kennen;
- Merkmale der touristischen Leistungen im Hinblick auf
  - Immaterialität
  - Beteiligung eines externen Faktors
  - Gleichzeitigkeit von Produktion und Konsum
    kennen und erläutern.

Der Kunde als *Prosumer* der Reiseleistung   (Quelle: Thomas Cook)

Weitere Informationen, Fallbeispiele und Übungen unter
www.tourismus-grundlagen.de

In vielen Bereichen unterscheidet sich das Management von Reiseveranstaltern und Reisemittlern nicht von dem anderer Branchen, z. B. in Bezug auf die Finanzierung. Dennoch hat die Touristik Eigenarten, die Einfluss auf das Management von Touristikunternehmen haben. Diese Besonderheiten der Touristikbranche sind:

- unvollkommene Trennung der Leistungsebenen und

- Dienstleistungscharakter der Produkte.

2.1 Unvollkommene Trennung der Leistungsebenen

Die Branche der Reiseveranstalter und Reisemittler unterscheidet sich dadurch von anderen, dass sie, wie oben erläutert, keine eindeutige Arbeitsteilung und Trennung der einzelnen Leistungsebenen mehr kennt. In der Branche gibt es kaum „reine" Veranstalter und „reine" Vermittler, sondern die Übergänge zwischen ihnen sind fließend. Die eindeutige Einordnung eines Touristikunternehmens als Reiseveranstalter oder als Reisemittler ist also nicht immer ohne Weiteres möglich.

Außer der engen Verwandtschaft zwischen Reiseveranstaltern und Reisemittlern gibt es somit einen zweiten Aspekt, der für die fehlende Trennung der Leistungsebenen in der Touristik verantwortlich ist: Diversifikationsbestrebungen. **Diversifikation** heißt, dass die Akteure bemüht sind, ihre Geschäftstätigkeit auf vor- bzw. nachgelagerte Stufen im Produktionsprozess (vertikale Diversifikation/Integration) oder auf horizontale bzw. völlig branchenfremde Geschäftsfelder auszuweiten.

Beispiele für vertikale Diversifikation
O Eine Fluggesellschaft kombiniert ihr eigenes Produkt, die Beförderung, mit einem Hotelaufenthalt und einem Transfer, sie übernimmt also Veranstalterfunktion.
O Reiseveranstalter umgehen die Reisemittler und verkaufen ihre Produkte direkt an die Verbraucher.
O Reiseveranstalter kaufen Hotels und Zielgebietsagenturen auf, um sich vor Ort Kapazitäten oder die Qualität zu sichern.

Diversifikationsbestrebungen und die Tatsache, dass man den einzelnen Anbietern kein eindeutiges Aufgabenfeld zuordnen kann, haben zu einem Funktionswandel in der Touristikbranche geführt.

Die unvollständige Trennung der Leistungsebenen im Tourismus hat zwei Konsequenzen: Die Anforderungen an das Management steigen, und der Wettbewerbsdruck wird stärker. Höhere Anforderungen an das Management von Reiseveranstaltern und Reisemittlern resultieren daraus, dass die jeweiligen Entscheidungsträger auch in der Lage sein müssen, Aufgabengebiete zu managen, die dem ursprünglichen Kerngeschäft des Unternehmens vor- bzw. nachgelagert sind. Der Konkurrenzkampf wird stärker, weil der Wettbewerbsdruck nicht nur auf der horizontalen Ebene besteht, sondern durch vertikale Konkurrenzbeziehungen erhöht wird.

Wichtige Erkenntnisse

■ Die Branche der Reiseveranstalter und Reisemittler ist dadurch gekennzeichnet, dass die vormals arbeitsteilige Struktur in der Touristik aufweicht. Leistungsträger, Veranstalter und Reisemittler weiten ihre Geschäftstätigkeit auf vor- und nachgelagerte Leistungsebenen aus (Funktionswandel in der Touristik durch Diversifikation). Die Folgen sind: höhere Anforderungen an das Management und Verstärkung des Konkurrenzkampfes.

2.2 Dienstleistungscharakter der Produkte

Die zweite Besonderheit des Managements von Reiseveranstaltern und Reisemittlern liegt darin begründet, dass touristische Leistungen zum größten Teil Dienstleistungen sind. Sieht man von z.B. Speisen und Getränken ab, spielen Sachgüter im Tourismus nur eine untergeordnete Rolle – die meisten Produkte sind Dienstleistungen. Auf den folgenden Seiten werden wir ausführlich über die drei wichtigsten Merkmale von Dienstleistungen sprechen: Immaterialität, Beteiligung eines externen Faktors an der Produktion und Gleichzeitigkeit von Produktion und Konsum. Anschließend werden Sie einige weitere Merkmale touristischer Dienstleistungen kennenlernen.

2.2.1 Immaterialität

Ein wesentliches Merkmal der touristischen Dienstleistung ist ihre Immaterialität. Dieses Kriterium bezieht sich darauf, dass Dienstleistungen vor und nach ihrem Vollzug nicht sinnlich wahrnehmbar und damit im Unterschied zu physischen Produkten weder greifbar noch sichtbar sind. Die Kennzeichnung von Dienstleistungen als immateriell wird jedoch manchmal in Frage gestellt, weil das *Ergebnis* des Dienstleistungsprozesses sowohl materiell als auch immateriell sein kann.

Beispiele

❍ Eine Reisebüroangestellte berät ein Ehepaar, das erstmals eine Safari unternehmen möchte. Das Ehepaar weiß nach der Beratung einiges mehr über diese Urlaubsart (immaterielles Ergebnis einer Dienstleistung).

❍ Bei einem Reiseveranstalter werden die Unterlagen für eine Pauschalreise zusammengestellt: Flugschein und Hotelgutschein werden ausgedruckt (materielles Ergebnis einer Dienstleistung).

Um diesen scheinbaren Widerspruch zu lösen, unterscheiden wir Dienstleistungen danach, ob sie als Potential, als Prozess oder als Ergebnis betrachtet werden. Bei einer *potentialorientierten* Definition stehen das Leistungsversprechen und die Leistungsbereitschaft im Vordergrund. Das Leistungsversprechen kann erst dadurch eingelöst werden, dass die Dienstleistung nachgefragt wird.

Beispiel

Die Buchungsstelle eines Reiseveranstalters, bei der die Verbraucher ihre Reise telefonisch buchen können, ist von 8:00 Uhr bis 20:00 Uhr besetzt (= Potential). Damit die Dienstleistung erbracht, d. h. eine Reise gebucht werden kann, müssen die Kunden anrufen und ihre Wünsche äußern, sonst bleibt dieses Dienstleistungspotential ungenutzt.

Die Bahn fährt nach einem festen Fahrplan, auf den man sich – zumindest meist ...;-) – verlassen kann.

Wird die Dienstleistung primär als *Prozess* gesehen, besteht die Leistung in den Augen der Nachfrager vor allem im Erleben des Prozesses selber.

Beispiel

Herr und Frau D. nehmen an einem einstündigen Kamelritt auf Teneriffa teil. Dieser Prozess ist ihr Urlaubserlebnis und damit eine wichtige Reisedienstleistung.

Bleibt zuletzt die *ergebnisorientierte* Betrachtung der Dienstleistung. Bei der ergebnisorientierten Definition steht die Wirkung bzw. das Resultat der Dienstleistung im Vordergrund.

Beispiel

Der beruflich sehr gestresste Herr R. möchte richtig ausspannen und sich erholen. Deshalb verbringt er seinen Urlaub im November in einem einsam gelegenen Gasthof in der Bretagne und unternimmt weite, ungestörte Spaziergänge am Meer. Nach zwei Wochen kehrt er so richtig erholt nach Hause zurück. Dieses Ergebnis zu erzielen, war Sinn und Zweck der von ihm in Anspruch genommenen Reisedienstleistung.

Die drei Kategorien Potential, Prozess und Ergebnis können in der Praxis häufig kaum voneinander getrennt werden.

Beispiel

Bei einer Flugreise sind i.d.R. sowohl das Ergebnis, also die Streckenüberwindung und die Verlagerung einer Person an einen anderen Ort, als auch der Prozess selbst (Komfort an Bord, Verpflegung) von Bedeutung.

Man kann Potential, Prozess und Ergebnis auch als zeitlich aufeinander folgende Phasen betrachten: Zunächst ist ein Dienstleistungspotential vorhanden, dann erfolgt der Prozess, der schließlich zu einem bestimmten Ergebnis führt.

Beispiel Bahnreise

1. Phase: Die Bahn bietet Beförderung nach Fahrplan an (Potential).

2. Phase: Zugfahrt der Reisenden (Prozess).

3. Phase: Ankunft am gewünschten Ort (Ergebnis).

Mit Hilfe der Einteilung in Potential, Prozess und Ergebnis von Dienstleistungen lässt sich der oben aufgezeigte Konflikt hinsichtlich der Immaterialität von Dienstleistungen entschärfen: Potential und Prozess sind i.d.R. weder sichtbar noch greifbar, haben also immateriellen Charakter. Das Ergebnis kann jedoch durchaus auch materiell sein.

2.2.2 Beteiligung eines externen Faktors

Außer durch Immaterialität wird eine Dienstleistung auch dadurch charakterisiert, dass sie immer an einem externen Faktor erbracht wird. Dieser externe Faktor kann sowohl ein Mensch sein, also z. B. der Nachfrager, als auch ein Objekt.

Beispiele

- Die Angestellte eines Reisebüros erläutert einer Kundin die Reisepreisberechnung in einem Katalog (externer Faktor = Nachfrager).
- Ein Kofferträger befördert den Koffer eines Gastes aufs Zimmer (externer Faktor = Koffer = Objekt).

Ist der externe Faktor ein Objekt, wird er von den Nachfragern bereitgestellt und verbleibt während des Leistungserstellungsprozesses und auch danach in deren Eigentum. Allein durch die Bereitstellung des Objekts werden die Nachfrager schon zu Mit-Produzenten der von ihnen konsumierten Leistungen, d.h. sie wirken am Produktionsprozess mit („Prosumer").

Meist sind jedoch die Nachfrager selbst der externe Faktor. Wird die Dienstleistung unmittelbar an einem Menschen erbracht, spielt der Aspekt des Mit-Produzierens eine besonders wichtige Rolle, weil die Beteiligung der Nachfrager am Produktionsprozess Auswirkungen auf die Qualität der Dienstleistung hat.

Beispiel

Der Erfolg eines Segelkurses hängt zu einem bedeutenden Teil davon ab, inwiefern die Segelschüler bereit sind, die theoretischen Grundlagen zu lernen und Knoten zu üben (Mitwirkung). Außerdem entscheiden Tagesform, Leistungsbereitschaft und Sympathie bzw. Antipathie zwischen Leistungsgeber und Leistungsempfänger mit darüber, wie die Segelurlauber eine Dienstleistung erleben und bewerten.

2.2.3   Gleichzeitigkeit von Produktion und Konsum

Ein drittes konstitutives Merkmal von Dienstleistungen besteht in der – zumindest teilweisen – Gleichzeitigkeit von Produktion und Konsum. Während gewisse Vorleistungen wie beispielsweise das Aufräumen und Putzen eines Hotelzimmers erbracht werden können, ohne dass der Gast persönlich anwesend ist (nicht-persönliche Dienstleistung), können andere nur in Anwesenheit des Gastes erbracht werden (persönliche Dienstleistung).

Beispiel

Die Personenbeförderung an das Urlaubsziel, die Nutzung von Hotelzimmern, Service und Mahlzeiten können nur erfolgen, wenn sich die Kunden an der ‚Produktionsstelle' des ‚Herstellers' befinden.

Bei persönlichen Dienstleistungen fallen Produktion und Konsum räumlich und zeitlich zusammen. Daraus ergeben sich (speziell für Reise*veranstalter)* gewisse Schwierigkeiten. Einerseits ist der Reiseveranstalter für die Urlauber *der* Dienstleister, der für den Ablauf der ganzen Reise zuständig und auch verantwortlich ist. Andererseits kann er über weite Teile des Dienstleistungprozesses nicht selbst für die Qualität der Leistungen sorgen, sondern ist abhängig von den einzelnen Leistungsträgern, die er mit der Erbringung von Teilleistungen beauftragt hat.

2.2.4   Sonstige Merkmale touristischer Dienstleistungen

Aus Immaterialität, Beteiligung eines externen Faktors und aus der Gleichzeitigkeit von Produktion und Konsum lassen sich weitere Besonderheiten von Dienstleistungen ableiten. Es würde den Rahmen dieses Buches sprengen, auf jede einzelne genauer einzugehen. Die folgende Abbildung zeigt – ohne Anspruch auf Vollständigkeit – die wichtigsten ableitbaren Eigenschaften von Dienstleistungen und die Zusammenhänge zwischen ihnen.

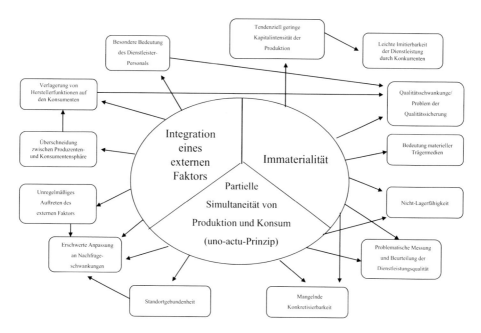

Abb.2.1: *Ausgewählte Charakteristika von Dienstleistungen*

Zu den sonstigen Merkmalen von Dienstleistungen nur einige erklärende Worte:
Ein wichtiger Gesichtspunkt ist die *Lagerunfähigkeit* von Dienstleistungen. Sie resultiert im Wesentlichen aus der Immaterialität. Für Touristikunternehmen folgt aus der Lagerunfähigkeit, dass es nicht möglich bzw. nicht sinnvoll ist, Reiseleistungen zu produzieren, ohne dass die Abnehmer anwesend sind. Das heißt jedoch nicht, dass es nicht möglich wäre, einzelne Reiseleistungsbestandteile frühzeitig „vorzuproduzieren". Es muss also nicht jede einzelne Pauschalreise neu geplant und zusammengestellt werden, sondern der Veranstalter nimmt bei seinen Leistungsträgern bestimmte Kapazitäten unter Vertrag. Auf diese Weise verfügt er über eine Art „Vorratslagerhaltung". Diese Vorproduktion ist natürlich nur bis zum Zeitpunkt des vorgesehenen Konsums möglich, also bis zum Abreisezeitpunkt. Eine Lagerung über diesen Zeitpunkt hinaus ist nicht möglich – nicht genutzte Plätze verfallen.

Zu den sonstigen Merkmalen der touristischen Dienstleistung gehört weiterhin die *erschwerte Anpassung an Nachfrageschwankungen*. Die Schwierigkeit, Kapazitäten und Nachfrage aufeinander abzustimmen, hat zwei Gründe: die touristische Nachfrage ist über das Jahr hinweg unterschiedlich hoch und das Nachfrageverhalten ändert sich relativ schnell.

Durch die *ungleichmäßige Höhe der Nachfrage* nach Reiseleistungen kommt es zu einem Dilemma für Touristikunternehmen. Wenn sie ihre Kapazität an einem Durchschnittswert ausrichten, übersteigt die Nachfrage das Angebot in Spitzenzeiten erheblich. Eine Ausrichtung der Kapazitäten auf – in Europa – die Monate Juli und August würde jedoch zu nicht finanzierbaren Leerkosten in der Nebensaison führen und ist deshalb nicht möglich.

Die Anpassung des Angebots an die Nachfrage wird in der Touristik außerdem dadurch erschwert, dass sich Trends hinsichtlich Reiseziel und Reiseform schnell ändern.

Beispiel

Ein Reiseveranstalter richtet seine Kapazitäten für ein Reiseziel an den Zahlen des Vorjahres aus, in dem dieses Zielgebiet ein ‚Renner' gewesen war. In der laufenden Saison liegt jedoch ein anderes Reiseziel im Trend – die vorproduzierten Reisen können nur zu 65% verkauft werden.

Damit kommen wir zu der *Standortgebundenheit* touristischer Dienstleistungen. Konsum und Produktion von Dienstleistungen müssen nicht nur zur gleichen Zeit, sondern vielfach auch am selben Ort erfolgen. Da wesentliche materielle Angebotsbestandteile einer Reise wie Reiseort, Hotel oder Flughafen unbeweglich sind, müssen die Kunden beweglich sein, damit touristische Leistungen am Ort ihrer Verwertung produziert werden können.

Es gibt eine Reihe von Ausnahmen der Standortgebundenheit. So ist die Buchung einer Reise im Reisebüro durchaus auch über kommunikative Medien (Telefon, Fax, Internet/E-Mail) möglich, d.h. ohne dass sich der Dienstleister (also das Reisebüro) und der externe Faktor (also die Person, die eine Reise buchen möchte) in räumlicher Nähe zueinander befinden.

Der letzte Punkt, der hier als Merkmal touristische Dienstleistungen besprochen werden soll, ist die *mangelnde Konkretisierbarkeit*. Dienstleistungen sind nicht in dem Sinne konkretisierbar, dass ihre Qualität detailliert und der künftigen Realität entsprechend beschrieben werden könnte. Da Produktion und Konsum von Dienstleistungen gleichzeitig erfolgen, können die Käufer die Qualität touristischer Dienstleistungen erst dann beurteilen, wenn sie die Leistung in Anspruch nehmen. Reiseveranstalter können Urlaubsangebote deshalb immer nur als *Leistungsversprechen* verkaufen. Hilfsmittel zur Konkretisierung der angebotenen Dienstleistungen sind beispielsweise Reiseprospekte. Sie sollen das Leistungsversprechen und den potentiellen Nutzen visualisieren.

Weitere Besonderheiten der touristischen Dienstleistung

Aus den drei Charakteristika Immaterialität, Beteiligung eines externen Faktors und Uno-Actu-Prinzip lassen sich weitere Besonderheiten touristischer Dienstleistungen ableiten. Wichtig sind vor allem:

- Lagerunfähigkeit,
- erschwerte Anpassung an Nachfrageschwankungen,
- Standortgebundenheit,
- mangelnde Konkretisierbarkeit.

Wichtige Erkenntnisse

▪ Touristische Produkte sind in der Mehrzahl Dienstleistungen. Ein Kennzeichen von Dienstleistungen ist ihre Immaterialität. Immaterialität heißt, dass Dienstleistungen nicht direkt wahrnehmbar sind. Sie können weder gesehen, gehört, probiert, berührt noch gewogen oder gemessen werden.

Das Kriterium der Immaterialität steht dann nicht im Widerspruch dazu, dass das Ergebnis einer Dienstleistung auch materiell sein kann, wenn man die Dienstleistung in Potential, Prozess und Ergebnis gliedert. Während Potential und Prozess stets immateriell sind, kann das Ergebnis auch materiell sein.

▪ Dienstleistungen werden stets an einem externen Faktor erbracht. Der externe Faktor kann ein Mensch oder ein Objekt sein. Die Dienstleistung entsteht in Kooperation zwischen Produzent und Verbraucher. Die Nachfrager haben einen Einfluss auf die Qualität der Dienstleistung.

▪ Touristische Dienstleistungen sind häufig persönliche Dienstleistungen, die nur erbracht werden können, wenn Leistungsgeber und Leistungsempfänger zur selben Zeit am selben Ort sind. Produktion und Konsum der Dienstleistung erfolgen gleichzeitig (Uno-Actu-Prinzip). Dies erschwert u.a. die Qualitätskontrolle sowie die Kapazitätsplanung/-steuerung durch den Veranstalter.

Vertiefungsfragen

? Erklären Sie anhand eines Beispiels, auf welche anderen Bereiche ein Studienreiseveranstalter seine Geschäftstätigkeit ausdehnen könnte!

? Erläutern Sie am Beispiel eines Restaurantbesuchs die drei Phasen einer Dienstleistung.

? Geben Sie drei Beispiele, wie die Erbringung der Veranstalterdienstleistung „Gruppenstudienreise" durch mangelnde Beteiligung und Kooperationsbereitschaft der Nachfrager erschwert oder unmöglich gemacht wird.

? Gilt in folgenden Fällen das Uno-Actu-Prinzip? Begründen Sie Ihre Entscheidung.

    a) Ein Reiseveranstalter stellt Beförderung, Unterkunfts- und Verpflegungsleistungen zu einer Pauschalreise zusammen.

    b) Ein Kunde bucht in seinem Reisebüro telefonisch einen Flug von Bremen nach Rom.

    c) Eine Reiseleiterin erklärt Kunden während einer Stadtrundfahrt die wichtigsten Sehenswürdigkeiten.

    d) Ein Reiseveranstalter gestaltet den neuen Katalog und kalkuliert die Reisepreise.

? Sie haben die Besonderheiten der Produktion touristischer Dienstleistungen kennen gelernt. Ist Ihrer Meinung nach unter diesen Bedingungen Qualitätsmanagement im Reisemittlerbereich eher leichter oder eher schwieriger als in einer anderen Branche, z. B. in der Automobilindustrie?

Literaturhinweise

- Kirstges, T., Expansionsstrategien im Tourismus, 3. Auflage, Wilhelmshaven 2005.
- Roth, P., (Grundlagen), Grundlagen des Touristikmarketing, in Roth, Peter / Schrand, Axel, Touristikmarketing, 2. Auflage, München 1995, S. 27–144.

3 Anbieterstruktur des Touristikmarktes

Lernziele ◎

Am Ende dieses Kapitels sollten Sie Folgendes können:

- die Strukturmerkmale des heutigen Veranstaltermarktes und dessen Entwicklung kennen;
- Beschreibung des Reisemittlermarktes;
- die Begriffe *Vollreisebüro* und *Reisebüro mit eingeschränktem Sortiment* voneinander abgrenzen.

Bunte Veranstalterwelt:
einige der vielen hundert Reiseveranstalter-Marken

Weitere Informationen, Fallbeispiele und Übungen unter
www.tourismus-grundlagen.de

Wie Sie aus dem vorhergehenden Kapitel wissen, hat die Branche der Reiseveranstalter und Reisemittler mit der Besonderheit zu „kämpfen", dass keine Sachgüter, sondern vorwiegend Dienstleistungen produziert werden. Als zweite wichtige Rahmenbedingung des Tourismusmanagements müssen die *Marktverhältnisse* der Branche Berücksichtigung finden. Daher wird in diesem Kapitel näher auf die Gegebenheiten am Touristikmarkt eingegangen, konkret auf seine Anbieterstruktur. Zuerst wird der Markt der Reiseveranstalter untersucht, dann der der Reisemittler.

3.1   Markt der Reiseveranstalter

Die Analyse des Reiseveranstaltermarktes beginnt mit einem Überblick über die historische Entwicklung des organisierten Reisens und mit einem ersten Blick auf die heutige Situation. Anschließend werden Sie die wichtigsten Strukturmerkmale des Veranstaltermarktes kennenlernen.

3.1.1   Geschichte des deutschen Veranstaltermarktes

Die Geschichte der Menschheit ist die Geschichte des Reisens – seit Menschengedenken reisen die Erdenbewohner zu privaten, beruflichen und politischen Zwecken. Das Phänomen, das man mit dem modernen Begriff *Tourismus* umschreibt, tritt jedoch erst seit Ende des 19. Jahrhunderts auf. Ins 19. Jahrhundert fällt auch die Entstehung der *Pauschalreise*: Im Jahr 1841 veranstaltete der Engländer Thomas Cook für eine Gruppe von 570 Personen eine Reise von Leicester nach dem nahe gelegenen Loughborough. Im Reisepreis inbegriffen waren die Fahrt in einem offenen Vergnügungszug, Tee und Schinkenbrote. Diese Exkursion gilt als die Geburtsstunde der Pauschalreise.

In Deutschland entstanden erste Formen des organisierten Reisens erst zu Beginn des 20. Jahrhunderts. So bot beispielsweise das Reisebüro Carl Degener in den 20er Jahren des 20. Jahrhunderts erstmals organisierte Eisenbahngruppenreisen an. Die Grundleistungen bestanden aus Bahnfahrt mit Hotelaufenthalt in großen Städten. 1928 gründete Dr. Hubert *Tigges* sein Reiseunternehmen für Akademiker. Nach dem Zweiten Weltkrieg kurbelten Unternehmer wie Dr. *Carl Degener* mit Feriensonderzügen (1948) die deutsche Tourismuswirtschaft an. 1949 führte der damalige Student Werner Kubsch, der Gründer von *Studiosus*, seine erste Studiengruppenreise nach Italien durch. 1954 reiste *Dr. Tigges* mit einer Gruppe nach Palma de Mallorca, und im selben Jahr funktionierte ein cleverer Katalane sein Landhaus in das erste Strandhotel an der Playa de Palma („Hotel San Francisco") um. Ebenfalls 1954 öffnete Jugoslawien die Grenzen für westdeutsche Touristen. 1955, als die Bundesrepublik wieder die Lufthoheit erhielt, wurde die erste deutsche Charterfluggesellschaft, die *Deutsche Flugdienst GmbH* (heute *Condor*) von der *Lufthansa*, der *Bundesbahn* und anderen gegründet.

Auch Jahre nach dem Ende des Zweiten Weltkriegs war das Reisen jedoch ein Privileg weniger Auserwählter, und noch zu Beginn der 1960er Jahre existierten in

Deutschland kaum mehr als 200 Reiseveranstalter. Der Grundstein für den Massentourismus in seiner heutigen Form wurde erst mit der Entwicklung von Pauschalreisen ins Ausland gelegt. Besondere Bedeutung erlangte die Flugpauschalreise, die 1961/62 erstmals in Katalogen der Firma Neckermann angeboten wurde. Die Flugpauschalreise sprach mit ihrem niedrigen Preis breite Bevölkerungsteile an. Niedrige Pauschaltarife waren möglich, weil die Veranstalter die Flugzeuge dicht bestuhlten und hoch auslasteten. NUR (*Neckermann und Reisen*, heute Teil der Thomas Cook AG) wurde bereits 1965 gegründet. Im selben Jahr kam es auch zum ersten touristischen Einsatz eines Düsenjets.

Mit der Einführung des Charterflugtourismus erhöhte sich die Zahl der Reiseveranstalter bis 1970 auf etwa 260. In diesem Zeitraum wurden die bis heute marktbestimmenden Großveranstalter gegründet. So entstand zum Beispiel die TUI (*Touristik Union International*) im November 1968 als Zusammenschluss der bis dahin selbständigen Veranstalter Touropa, Scharnow, Hummel und Dr. Tigges. ITS (*International Tourist Services*) wurde im November 1970 von der Kaufhof AG gegründet. In den 1970er Jahren begannen diese Unternehmen, durch weitere Übernahmen und Zusammenschlüsse zu expandieren. Dies führte schon bald dazu, dass die TUI zum größten deutschen Reiseveranstalter wurde. Neckermann inkl. seinem Tourismuszweig geriet zu Beginn der 1970er Jahre in eine Krise, die schließlich dazu führte, dass der Sanierungsfall Neckermann Ende 1976 von Karstadt übernommen wurde.[2] In den 1970er Jahren begannen diese Veranstalter, durch weitere Übernahmen und Zusammenschlüsse zu expandieren. Die TUI wurde schon bald zum größten deutschen Reiseveranstalter.

Die Zeit nach 1970 war geprägt durch den Markteintritt von Spezialveranstaltern. Manche spezialisierten sich auf bestimmte Zielgebiete, andere profilierten sich in einem regional begrenzten Absatzmarkt. Bis Ende der 1970er Jahre stieg die Zahl der Reiseveranstalter auf etwa 400 an. Heute gibt es schätzungsweise 1.700 deutsche Haupterwerbsreiseveranstalter. Darüber hinaus veranstalten ca. 1.000 der insgesamt etwa 5.000 privaten Busunternehmen als Busreiseveranstalter (regelmäßig oder gelegentlich) Reisen. Die letzten Jahre sind durch starke Konzentrationstendenzen gerade unter den größeren Veranstaltern gekennzeichnet. Es haben sich große Konzerne herausgebildet, die mehrere Wertschöpfungsebenen vereinen und jeweils mehrere Mrd. EUR Umsatz erwirtschaften.

---

[2] Arcandor, die Dachgesellschaft der Karstadt-Warenhäuser sowie von Thomas Cook/NUR, musste im Juli 2009 Konkurs anmelden.

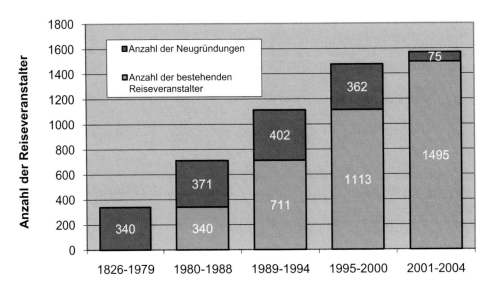

Abb. 3.1: *Entwicklung der Zahl der Reiseveranstalter in Deutschland*
(Quelle: Kirstges, Reiseveranstaltermarkt 2003, S. 19)

Mittlere und kleinere bzw. kleine Reiseveranstalter werden auch unter der Bezeichnung Mittelstand zusammengefasst. Eine einheitliche Mittelstandsdefinition, die auf alle Branchen zutrifft, gibt es nicht. Hier werden deshalb als mittelständische Reiseveranstalter alle Unternehmen definiert, die in einem Kalenderjahr weniger als 700.000 Reiseteilnehmer verbuchen konnten. Unternehmen, die jenseits dieser Grenze liegen, sind Großveranstalter.[3] Zu den mittelständischen Reiseveranstaltern gehören folglich sowohl die mittleren als auch die Klein- und Kleinstveranstalter. Um diese grobe Mittelstandsdefinition zu verfeinern, unterscheidet man zwischen:

- großen mittelständischen Reiseveranstaltern, die jährlich zwischen 200.000 und 700.000 Teilnehmer verbuchen können;

- kleinen mittelständischen Reiseveranstaltern, die mindestens 10.000, aber weniger als 200.000 Teilnehmer pro Jahr haben und

- Kleinveranstaltern, die weniger als 10.000 Teilnehmer aufweisen.

Die Trennung zwischen Großveranstaltern und mittelständischen Veranstaltern bei 700.000 Teilnehmern pro Jahr ist sicherlich nicht verbindlich und generell gültig. Prinzipiell bleibt es jedem Analytiker überlassen, die ihm bzw. ihr am geeignetsten erscheinende definitorische Abgrenzung vorzunehmen.

---

[3]   In der Literatur wird die Grenze zwischen Großveranstaltern und mittleren Veranstaltern oft bereits bei 100.000 bzw. bei 120.000 Teilnehmern pro Jahr gezogen. Dieser Definition wird hier nicht gefolgt.

Entwicklung des Reiseveranstaltermarktes

Einen Pauschalreisemarkt – und damit einen Markt der Reiseveranstalter – gibt es in Deutschland seit dem Beginn des 20. Jahrhunderts, große wirtschaftliche Bedeutung erlangte der Pauschaltourismus aber erst in den frühen 1960er Jahren. Die Zahl der Reiseveranstalter stieg seitdem stark an. Heute gibt es ca. 1.700 Haupterwerbsreiseveranstalter, die in drei große Blöcke eingeteilt werden können:

- die großen Touristikkonzerne mit ihren diversen Veranstalter- und Reisebüromarken
- die mittleren Veranstalter
- die Klein- und Kleinstveranstalter.

Mittlere, Klein- und Kleinstveranstalter werden gemeinsam auch als Mittelstand bezeichnet.

3.1.2 Heutige Struktur des Veranstaltermarktes

Die Analyse des Veranstaltermarktes ist mit folgenden Schwierigkeiten verbunden:

- Es gibt keine umfassende Statistik, die *alle* Veranstalter umfasst.
- Die Unternehmen sind nicht dazu verpflichtet (und daher vielfach auch nicht bereit), für Marktstudien Auskunft zu erteilen.
- Die Erfassungssystematik bei verschiedenen Erhebungen bzw. Marktsegmenten (z.B. Kreuzfahrten, Ferienhausanbieter, Flugpauschalveranstalter) ist uneinheitlich.
- Die Zahlenreihen weisen, z.B. durch Marktveränderungen, Unternehmenszusammenschlüsse, Insolvenzen etc., Sprünge auf.[4]

---

[4] Siehe S. 23 – Abs. 1

Hinweis[5]

Sprünge in den Zahlenreihen können auch durch Veränderungen der statistischen Erhebungen, Abgrenzungen oder Definition der Werte ausgelöst werden.

Beispiele:

- Ein Veranstalter, der früher mit dem Touristikjahr (= 1. November bis 31. Oktober) als Abrechnungsperiode gearbeitet hat, legt nun das Kalenderjahr zugrunde.

- Ein anderer Veranstalter zählt ab einem bestimmten Zeitpunkt Geschäftsbereiche mit, die früher getrennt ausgewiesen wurden, beispielsweise Nur-Flug-Teilnehmer.

Der Veranstaltermarkt weist heute folgende interessante Strukturmerkmale auf:

Strukturmerkmale des Veranstaltermarktes

- Das Teilnehmeraufkommen, und damit das Marktvolumen, der mittelständischen Reiseveranstalter übersteigt das der Großveranstalter.

- Das Marktwachstum in der Vergangenheit begünstigte die mittelständischen Kleinveranstalter stärker als die Großveranstalter.

- Die Entwicklung der Großveranstalter verläuft *nicht* einander gegenläufig. Die wesentlichen Konkurrenten für Großveranstalter stellen daher die kleinen und mittleren Reiseveranstalter dar.

Die stärksten Konkurrenten der Großveranstalter sind also durchaus die zahlreichen mittelständischern Unternehmen – und natürlich umgekehrt. Wenngleich jeder einzelne Kleinveranstalter für einen „Riesen" nur Nadelstiche bewirkt, führt die Summe dieser Nadelstiche doch zu ernst zunehmenden „Blessuren". Die Großveranstalter haben dies erst seit Mitte der 1990er Jahre richtig erkannt und stellen sich seitdem und wohl auch in Zukunft verstärkt der „kleinen Konkurrenz", statt in einer oftmals verengten Perspektive nur die Teilnehmerzahlen des großen Hauptkonkurrenten zu betrachten. Es gibt zahlreiche Beispiele dafür, dass mittelständische Spezialisten –

---

[5]   Die umfangreichste Datenbank mit Veranstalterdaten dürfte diejenige sein, die vom Verfasser dieses Buches an der Fachhochschule in Wilhelmshaven seit vielen Jahren gepflegt wird. Neben den Daten aus Fachzeitschriften, Adressverzeichnissen der Branche etc. werden hier über Primärerhebungen (Befragung der Veranstalter) gewonnene Informationen systematisch gespeichert. Doch auch hier sind nicht alle Unternehmen erfasst, und für die erfassten Veranstalter sind keinesfalls alle relevanten Daten verfügbar.

trotz der Konzentrationstendenzen in der Veranstalterbranche – erfolgreich wirtschaften können.

Beispiel aus der Praxis

Wikinger ist ein spezialisierter Wanderstudienreisenveranstalter, der auf ein kontinuierliches Wachstum stolz sein kann. Die Teilnehmerzahlen dieses Unternehmens liegt natürlich niedriger als bei klassischen Pauschal(bade)reiseveranstaltern. Da der durchschnittliche Reisepreis einer Studienreise jedoch bei mehreren Tausend EUR liegt, erwirtschaftet das Unternehmen beachtliche Umsätze (ganz im Stil „Klasse statt Masse").

Zik-Gruppenreisen hat sich – wie der Firmenname schon vermuten lässt – erfolgreich auf Gruppenreisen, und hier speziell auf Reisen für Chöre, spezialisiert.

Nach den vom DRV *(Deutscher ReiseVerband)* herausgegebenen „Fakten und Zahlen zum deutschen Reisemarkt" lag der Gesamtumsatz deutscher Reiseveranstalter im Jahr 2008 bei 21,4 Milliarden Euro. Der Verfasser selbst geht auf Basis einer empirischen Erhebung davon aus, dass der Veranstaltermarkt durch folgende Größenordnungen geprägt ist:

Größenordnung des Veranstaltermarktes

- 22 Mrd. EUR Veranstalterumsatz, zuzüglich ca. 1 Mrd. EUR sonstige durch diese Veranstalter bewirkten Umsätze = 23 Mrd. EUR Gesamtumsatz durch deutsche Veranstalter.

- 36 Mio. veranstalterorganisierte Reisen.

Anhand der volkswirtschaftlichen Marktformenlehre kann man eine Charakterisierung des Tourismusmarktes versuchen. Die VWL arbeitet hierbei mit Marktmodellen. Modelle sind vereinfachte Abbilder der Realität, die der Darstellung wesentlicher Strukturen und Zusammenhänge dienen. Die Marktformenlehre unterscheidet dabei durch Korrelation der beiden Dimensionen „Zahl der Anbieter" und „Zahl der Nachfrager" mit jeweils den drei Ausprägungen *eine, einige/wenige* und *viele* neun Marktformen. Der Reiseveranstaltermarkt (Gesamtmarkt) lässt sich unter Anlehnung an dieses Modell als Teilangebotsoligopol charakterisieren: Vielen Nachfragern stehen wenige Großveranstalter (= Oligopol) und viele mittelständische und kleine Veranstalter gegenüber. Dies zeigt nachfolgende Kurve der Marktkonzentration.

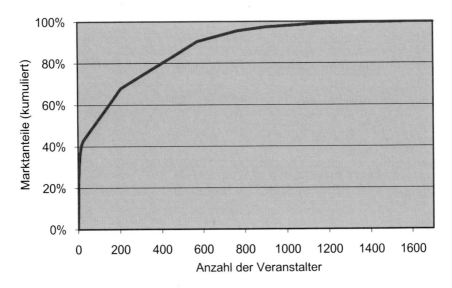

Abb. 3.2: *Konzentrationskurve Reiseveranstaltermarkt*
(Quelle: Kirstges, Reiseveranstaltermarkt 2000)

Beschränkt man die Betrachtung auf einzelne touristische Teilmärkte, so findet man durchaus auch andere Marktformen vor, z.B. auf dem Markt für Kreuzfahrten, Skireisen, Gesundheitsurlaub; auf dem süddeutschen Markt, etc.. Insofern muss also unternehmensindividuell der relevante Markt festgelegt werden.

Die Anbieterstruktur des deutschen Veranstaltermarktes zeichnet sich seit der Jahrtausendwende aus durch:

- sechs Großveranstalter (s. unten),

- ca. 50 mittelgroße Veranstalter und

- eine Vielzahl von kleinen und Kleinstveranstaltern.

Insgesamt umfasst der Markt etwa 1.700 Haupterwerbsreiseveranstalter. Neben diesen genannten Veranstaltern existieren noch ca. 1.000 Busreiseveranstalter, die regelmäßig Busreisen organisieren. Ebenfalls hier nicht berücksichtigt sind Reisemittler, die gelegentlich eigene Veranstaltungen organisieren (sog. veranstaltende Reisebüros). Ihre Zahl kann auf rund 800 bis 1.000 geschätzt werden. Fast man alle (auch) veranstaltend tätigen Unternehmen zusammen, so kann man also von etwa 3.500 veranstaltenden Unternehmen ausgehen. Die Struktur des Veranstaltermarktes ist trotz der viel beschworenen Konzentrationsprozesse nach wie vor durch einen gesunden Mittelstand geprägt.

Sechs Großveranstalter

- TUI AG,
- Thomas Cook AG,
- REWE Touristik,
- Alltours Flugreisen GmbH,
- FTI – Frosch Touristik GmbH und
- Öger Group.

Hierbei wurden nur die drei Konzerngruppen betrachtet, nicht die einzelnen Veranstaltermarken. Zur TUI AG gehören u.a.:

Überblick TUI AG

- TUI Deutschland GmbH,
- 1-2-Fly Reisen GmbH,
- Airtours International GmbH,
- Wolters Reisen GmbH und
- Hapag Lloyd Kreuzfahrten GmbH.

Zur Thomas Cook AG zählen u.a.:

Überblick Thomas Cook AG

- Neckermann Reisen,
- Neckermann Preisknüller,
- Thomas Cook Reisen,
- Bucher Reisen und
- Condor.

Den drittgrößten Touristikkonzern bildet die *REWE Touristik* mit:

Überblick REWE Touristik

- ◯ ITS Reisen,
- ◯ Dertour/DER,
- ◯ Meier's Weltreisen,
- ◯ Jahn Reisen,
- ◯ Tjaereborg und
- ◯ ADAC Reisen.

Das Segment der großen mittelständischen Reiseveranstalter umfasst u.a.:

Überblick mittelständische Reiseveranstalter

- ◯ Schauinsland Reisen („auf dem Sprung" zum Großveranstalter)
- ◯ Ameropa-Reisen GmbH,
- ◯ Inter Chalet Ferienhaus GmbH,
- ◯ Novasol GmbH,
- ◯ Nazar Holiday Reiseveranstaltung GmbH,
- ◯ Seetours- German Branch of Carnival plc.,
- ◯ Olimar Reisen GmbH,
- ◯ Interhome GmbH.

Wichtige Erkenntnisse

- ▨ Bereits im Jahr 1841 veranstaltete der Engländer Thomas Cook die erste Pauschalreise. Wirtschaftliche Bedeutung erlangte der Pauschaltourismus hingegen erst in den frühen 1960er Jahren.
- ▨ Der Reiseveranstaltermarkt besteht heute im Wesentlichen aus ca. 1.700 Haupterwerbsreiseveranstaltern, darunter befinden sich sechs Großveranstalter, die den Markt mit mehreren Marken dominieren.
- ▨ Trotz der feststellbaren Konzentrationstendenzen ist der Reiseveranstaltermarkt durch mittelständische Reiseveranstalter geprägt.

3.2 Markt der Reisemittler

Kommt das große „Reisebürosterben"?

Nachdem Sie zuerst den Markt der Reiseveranstalter kennengelernt haben, wenden wir uns nun den Reisemittlern zu. Hier sollen Sie vor allem einen Eindruck von den Marktverhältnissen in der Reisemittlerbranche erhalten.

Ebenso wie die Zahl der Reiseveranstalter lässt sich auch die Zahl der Reisemittler in Deutschland nicht genau festmachen. Wenige große Reisebüroverbünde und viele kleinere Einzelbüros, die sich weitgehend in Kooperationen zusammengeschlossen haben, stehen im Dienste vieler Nachfrager. Somit liegt auch hier, ähnlich wie im Veranstaltermarkt, eine teiloligopolistische Struktur vor. Um die Jahrtausendwende erreichte die Zahl der Reisebüros mit über 20.000 Betriebsstellen ihren bisherigen Höhepunkt; seitdem ist sie leicht rückläufig. Insbesondere die Zahl der Voll-Reisebüros und Touristik-Reisebüros ist kontinuierlich auf ca. 11.400 Betriebsstellen zurückgegangen. Als Richtwert lässt sich merken, dass es ca. 11.000 hauptberufliche Reisemittlerbetriebe (Stand: 2009) gibt. Die Zuordnung zu Haupterwerb/ Nebenerwerb bzw. Vollreisebüros zu solchen mit eingeschränktem Sortiment können der Abbildung 3.3 entnommen werden.

Klassische Reisebüros stellen dabei solche mit mindestens einer Veranstalter- und mindestens einer Verkehrsträgerlizenz dar, Business Travel-Reisebüros sind Reisebüros/Dienstleister/Betriebsstellen eines Firmenreisedienstes, die überwiegend Dienstreise- und Geschäftsreisekunden abwickeln. Mit touristischen Reisebüros sind Reisebüros mit mindestens zwei Veranstalterlizenzen, aber ohne eine Verkehrsträgerlizenz gemeint. Sonstige Buchungsstellen sind Reisevermittlungsstellen mit Veranstalterlizenzen, deren sonstige Haupterwerbsquellen nicht bekannt sind.

Reisevermittlungsstellen in Deutschland				
	1999	**2000**	**2001**	**2007**
klassische Reisebüros	5040	5173	4978	3301
Business Travel-Büros	1158	1175	997	939
touristische Reisebüros	8015	7657	8050	7164
Summe Reisebüros	**14213**	**14005**	**14025**	**11404**
sonstige Buchungsstellen	5405	6525	5018	k.A.
Vertriebsstellen insgesamt	**19618**	**20530**	**19043**	**k.A.**
davon: IATA-Agenturen	4756	4810	4745	3884
DB-Agenturen	3980	3871	3741	3243

Quelle: DRV-Vertriebsdatenbank

Abb. 3.3: *Entwicklung der Zahl der Reisemittler in Deutschland*

Die dennoch nach wie vor große Zahl der Betriebe ist ein Indiz dafür, dass die Reisemittlerbranche lange Zeit und in Teilen auch noch heute von mittelständischen Unternehmen geprägt ist. Seit einigen Jahren findet jedoch ein Konzentrationsprozess statt, der oft mit dem Sterben der „Tante-Emma-Läden" im Lebensmitteleinzelhandel der 1970er und 1980er Jahre verglichen wird. Im Zuge dieses Konzentrationsprozesses schließen sich immer mehr mittelständische Einzelreisebüros einer Reisebürokette oder einem Franchisesystem an. Wird ein Büro Mitglied einer Reisebürokette, verliert es seine Selbständigkeit zugunsten der größeren Sicherheit, die die Existenz in der Kette bietet. Bedeutende Reisebüroketten sind beispielsweise Atlas, First, Hapag Lloyd und Thomas Cook.

Entscheidet sich das Reisebüro für einen Franchisevertrag, bleibt seine rechtliche Selbständigkeit – zumindest zunächst – erhalten; es gibt nur einen Teil seiner wirtschaftlichen Selbständigkeit, seiner Freiheit im Management, auf. Das Franchising ist also „nur" eine Form der Kooperation; das Einzelbüro lehnt sich an einen starken Partner an. Als Kooperationspartner kommen beispielsweise DER-Part, Lufthansa City Center / Holiday Land (bei Thomas Cook) und TUI Reise Center in Frage.

Heute sind nur noch etwa 20 – 25% der Reisemittler ungebunden, gehören also weder einer Kette noch einer Kooperation an. Nimmt man nicht die Zahl der Betriebsstellen, sondern den Vermittlungsumsatz als Maßstab, so liegt der Anteil der freien Büros sogar nur noch bei rund 10% des Gesamtumsatzes. Freie Büros sind also i.d.R. „kleiner" als gebundene Büros. Dies hängt z.B. damit zusammen, dass es sich bei vielen ungebundenen Reisemittlern um reine Touristik-Büros handelt, die nicht über die notwendigen Lizenzen für den Verkauf von Linienflugtickets oder Bahnfahrkarten verfügen.

Genaue Angaben zum Markt der Reisemittler und zu seiner Entwicklung sind sehr schwierig, weil sich viele mittelständische Reisebüroinhaber scheuen, betriebswirtschaftliche Kennzahlen wie Gesamtumsatz oder Umsatz pro Mitarbeiter bzw. pro Reservierungsterminal zu veröffentlichen. Sie befürchten einen Wettbewerbsnachteil, wenn diese Zahlen den Konkurrenten zugänglich sind.

Besser ist die Informationslage in Bezug auf Reisebüroketten und -kooperationen. Deren Kennzahlen werden in einer jährlichen Beilage der Fachzeitschrift FVW-International mit dem Titel *Deutsche Reisebüro-Ketten in Zahlen* zusammengestellt und veröffentlicht.

Struktur des Reisemittlermarktes

Die Struktur des Reisemittlermarktes zeigt sich wie folgt:

- wenige große Reisebüroketten und Franchisesysteme (ca. 60% des Gesamtmarktumsatzes);
- (noch) viele kleine Einzelbüros, größtenteils in Kooperationen organisiert;
- heute insgesamt ca. 15.000 Reisebüros (inkl. nebenberuflicher Buchungsstellen);
- ca. 11.000 Haupterwerbsreisebüros;
- 20–30 Ketten, Franchisesysteme und Kooperationen halten mehr als 90% des Gesamtmarktumsatzes.

Reisebüro-Verbünde

- **REWE-Touristik-Reisebüros**
  ca. 4,5 Mrd. EUR Umsatz; mit Filialen, Franchise und Kooperationen; mit DER, DERPart, Atlas, RSG (Reisebüro Service-Gesellschaft) u.a.

- **QTA**
  Quality Travel Alliance; Kooperation mit ca. 6.000 Reisebüros; ca. 4 Mrd. EUR Umsatz; Sprecher = Thomas Bösl:
  - Best/RMG (Cornelius Meyer)
  - RTK (Thomas Bösl)
  - Schmetterling (Willi Müller)
  - TUI Travel Star (Joint Venture von RT-Reisen (= RTK-Muttergesellschaft) und TLT)
  - Neckermann Team & Partner (= Marken der Firma Alpha; Albin Loidl)

- **O TMCV**
  Touristik Multi Channel Vertriebsorganisation; Sprecher=Manuel Molina:
  - TSS (Touristik Service System)
  - AER
- **O TLT**
  TUI Leisure Travel; ca. 2,5 Mrd. EUR Umsatz; inkl. TUI Reise Center,
  First, Hapag Lloyd u.a.

Die großen Reisebüro-Verbünde sind (Stand 2009):

Zum Nachdenken:

Wenn Sie in dieser Branche arbeiten (wollen), sollten Sie auch die Namen
aktiver Tourismusmanager kennen. Einige sind oben genannt. Wissen Sie
mehr über diese? Sind diese Manager zum Zeitpunkt Ihrer Lektüre noch im
Amt? Prüfen Sie es nach, beschäftigen Sie sich mit der Branche und ihrer
Entwicklung!

Der Gesamtumsatz des deutschen Reisemittlermarktes wird auf ca. 22 Mrd. EUR
(2009) geschätzt. Ein großes Umsatzwachstum der Branche zu Beginn der 1990er
Jahre war vor allem auf die Erschließung der neuen Bundesländer zurückzuführen.
Bereits seit 1995 ist eine Normalisierung dieses Wachstums deutlich zu erkennen, so
dass der Gesamtumsatz der Branche heute nur noch um jährlich 1–3% (nominal)
wächst.
Die sog. Touristik, also insbesondere die Vermittlung von Pauschalreisen, macht
durchschnittlich ca. 60% der Reisebüroumsätze aus, auf den Flugbereich entfallen ca.
30%.

DRV-Schätzung für 2007

- O Gesamtumsatz der stationären Reisebüros: 20,8 Mrd. EUR
- O Durchschnittskosten einer Pauschalreise: 530,-EUR pro Person

Reisemittlermarkt im Umbruch

Der Reisemittlermarkt ist traditionell stark mittelständisch geprägt. Er befindet sich jedoch in einer Umbruchphase, weil eine starke Konzentration
zugunsten großer Reisebüroketten und Franchisesysteme stattfindet.

Im weiteren Verlauf dieses Buches werden Sie sehen, dass der planmäßige Einsatz
des Managementinstrumentariums auch für Unternehmen der Touristikbranche nicht
nur sinnvoll, sondern sogar sehr wichtig ist – und zwar für Unternehmungen jeder

Größe. Zu diesem Zweck werden in den späteren Kapiteln einzelne Bereiche des Touristikmanagements durchleuchtet.

Wichtige Erkenntnisse

- Die Zahl der Reisemittler ist in den letzten Jahren stetig zurückgegangen. Der Reisemittlermarkt setzt sich aus wenigen großen Reisebüroverbünden und vielen Einzelbüros zusammen.
- Die Mehrheit der Reisemittler agiert als touristische Reisebüros und hat somit mindestens zwei Veranstalterlizenzen, aber keine Verkehrsträgerlizenz.

Vertiefungsfragen

- ? Worauf muss man achten, wenn man Auskünfte der Veranstalter und Angaben über den Gesamtpauschalreisemarkt aus der sog. Reiseanalyse von F.U.R. miteinander vergleicht?
- ? Analysieren Sie die Entwicklung des Studienreisen-Spezialisten *Studiosus*, dessen Art der Spezialisierung, dessen Besonderheiten etc.
- ? Der Veranstaltermarkt ist natürlich dynamisch in seiner Entwicklung, d.h. er unterliegt ständigen Veränderungen. Untersuchen Sie, z.B. durch eine internetbasierte Recherche, ob die o.g. Veranstalter auch zum Zeitpunkt Ihrer Lektüre dieses Buches noch in dieser Form aktiv sind!
- ? Wir haben die Unterscheidung zwischen einem Vollreisebüro und einem Reisebüro mit eingeschränktem Sortiment hier dargelegt. Bitte nennen Sie die beiden wesentlichen Punkte, die den Unterschied zwischen diesen beiden Reisebürotypen ausmachen.

Literaturhinweise

- Kirstges, T., Reiseveranstaltermarkt 2003.
- Kirstges, T., Unternehmensform, Die Wahl der Unternehmensform als wirtschaftliches Problem in der Tourismuswirtschaft, in: Tourismus Jahrbuch, Heft 2/1997, S. 91–116.
- o.V., touristik aktuell Nr. 29-30/04 vom 26.07.04, S. 21.

4 Nachfrage nach Leistungen der Reiseveranstalter und Reisemittler

Die Badepauschalreise als beliebteste Urlaubsform

Weitere Informationen, Fallbeispiele und Übungen unter
www.tourismus-grundlagen.de

Nachdem im Kapitel 3 die Anbieterstruktur des Tourismusmarktes näher betrachtet wurde, werden Sie im folgenden Kapitel die Nachfrage nach Leistungen der Reiseveranstalter und Reisemittler kennenlernen. Es folgt ein Überblick über die Entwicklung des Gesamtpotentials der Reisenden und der Reisen, anschließend wird auf das Potential der Pauschalreisenden bzw. der Veranstalter-Reisen eingegangen.

4.1 Entwicklung des Gesamtpotentials der Reisenden und der Reisen

Das maximale touristische Marktpotential der Bundesrepublik, gemessen in potentiell reisenden Personen, entspricht der bundesdeutschen Gesamtbevölkerung. Da in einer bestimmten Periode, z.B. einem Kalenderjahr, nicht alle Personen eine oder gar mehrere Urlaubsreisen unternehmen, gibt die Zahl der Reisenden (Urlauber) die Anzahl der Personen an, die mindestens eine (Urlaubs-)Reise in der betrachteten Periode unternommen haben; die Reiseintensität bezieht diese Zahl auf die Gesamtbevölkerung. In Anlehnung an die Definition der Reiseanalyse des ehemaligen Studienkreises für Tourismus bzw. von F.U.R. wird die Reiseintensität wie folgt definiert:

Reiseintensität
Unter Reiseintensität (RI) wird der prozentuale Anteil der Bevölkerung ab 14 Jahren verstanden, der im Laufe eines Kalenderjahres mindestens eine Urlaubsreise von fünf Tagen/Nächten oder länger unternommen hat.

Manche Autoren konkretisieren diese Kennzahl als **Nettoreiseintensität** (NRI) (siehe z.B. Bleile, 1988, S.19–23). Mit Hilfe der NRI lässt sich somit das Marktvolumen in Personen beschreiben.

Die Reiseintensität ist in den letzten Jahrzehnten drastisch gestiegen. Während zu Beginn der 1970er Jahre ca. die Hälfte der Bevölkerung jährlich noch keine Urlaubsreise gemacht hatte, schrumpfte die Zahl der Nicht-Urlauber bis Ende der 1980er Jahre auf ca. ein Drittel. Seit Mitte der 1990er Jahre machen somit ca. drei Viertel der Bundesdeutschen über 14 Jahren mindestens eine längere Haupturlaubsreise pro Jahr. Deutsche Kinder bis 14 Jahren sind in dieser Kennzahl des Studienkreises für Tourismus nicht berücksichtigt. Da auch sie zu einem großen Prozentsatz zu den bundesdeutschen Reisenden zählen, müssen sie hinzuaddiert werden, um das wahre Gesamtvolumen der bundesdeutschen Reisenden für längere Reisen zu ermitteln.

Die Personen, die als Reisende in Frage kommen, stellen die Adressaten für das Reiseveranstaltermarketing dar. Der starke Anstieg der NRI, der bis Ende der 1990er Jahre andauerte, scheint beendet. Eine Stagnation auf hohem Niveau, und zwar bei knapp 80%, kann auf Dauer erwartet werden, denn in einer Gesellschaft wird es immer einen „Sockel" von Personen geben, die aus verschiedenen Gründen nicht verreisen können oder wollen. Da die Gesamtbevölkerung (diese geht seit der Jahrtausendwende tendenziell zurück), multipliziert mit der NRI (diese stagniert), das Markvolumen in Personen wiedergibt, wird das Marktvolumen in Personen im nächsten Jahrzehnt im Vergleich zu heute geringer sein.

Von der Zahl der Reisenden (also der Personen, die reisen) zu unterscheiden ist die Zahl der Reisen, die von diesen Personen unternommen wurden. Letztere (alle Reisen, unabhängig von ihrer Dauer), bezogen auf die Gesamtbevölkerung, wird vielfach als **Bruttoreiseintensität** (BRI) bezeichnet. Die BRI kann demnach auch Werte über 100% annehmen.

Beispiel

Für 2008 weist F.U.R. eine Nettoreiseintensität von 76,2% aus. Die Reisehäufigkeit lag bei 1,3 Reisen pro Person. Die zugrunde liegende Bevölkerungszahl betrug 64,9 Mio. Somit haben 64,9 Mio. x 76,2% = 49,5 Mio. Urlaubsreisende insgesamt 64,9 x 76,2% x 1,3 = 64,3 Mio. Urlaubsreisen unternommen, und die Bruttoreiseintensität lag bei 64,3 / 64,9 = 99%.

	Jahr									
	1975	1980	1985	1990	1995	2000	2005	2006	2007	2008
keine Urlaubsreise gemacht	44,1	42,3	42,9	30,8	22,2	24,1	26,4	25,3	25,2	23,8
eine Urlaubsreise gemacht	48,2	48,0	49,4	x	x	58,8	55,3	56,3	58,3	58,9
zwei Urlaubsreisen gemacht	6,3	7,4	5,7	x	x					
drei und mehr Urlaubsreisen gemacht	1,4	2,3	2,0	x	x	17,2	} 18,3	} 18,4	} 16,5	} 17,3
eine oder mehr Urlaubsreisen gem. (=**RI**)	55,9	57,7	57,1	69,2	77,8	75,9	73,6	74,7	74,8	76,2
Summe	100	100	100	100	100	100	100	100	100	100

Abb.4.1: *Entwicklung des Anteils der Reisenden (Reiseintensität) bzw. Nicht-Reisenden an der Bevölkerung (Angaben in %)*

(Quelle: Reiseanalysen des Studienkreises für Tourismus (bis 1992) bzw. F.U.R., einzelne Jahrgänge)

Bei der Zahl der Reisen wird gängigerweise zwischen sog. längeren Urlaubsreisen und Kurzreisen unterschieden, die beide den Charakter einer privaten Urlaubsreise haben. Daneben wären, um ein vollständiges Bild zu erhalten, die Geschäftsreisen zu berücksichtigen. Auf die Betrachtung der Geschäftsreisen wird jedoch, der Themenstellung dieser Arbeit entsprechend, verzichtet.

	1991	1995	2000	2004	2005	2006	2007	2008
Bevölkerung in Mio. (ab 14 Jahre)	62	63	63,8	64,7	64,9	65,1	64,8	64,9
eine oder mehrere Urlaubsreisen gemacht = Urlaubsreiseintensität (%)	66,8	77,8	75,9	74,4	73,6	74,7	74,8	76,2
Anzahl Urlaubsreisende (in Mio.)	41,4	49,0	48,4	48,1	47,8	48,6	48,5	49,4
Urlaubsreisehäufigkeit (Reisen pro Reisendem)	1,25	1,32	1,3	1,36	1,34	1,33	1,30	1,30
Anzahl **Urlaubsreisen** (in Mio.)	51,0	64,5	62,2	65,4	64,1	64,4	62,9	64,0

Abb.4.2:   *Entwicklung der Zahl der Reisen von mindestens fünf Tagen Dauer*

         (Quelle: Reiseanalyse bzw. F.U.R. der jeweiligen Jahrgänge)

Die oben angegebene (Netto-)Reiseintensität gemäß der Reiseanalyse des Studienkreises für Tourismus bzw. von F.U.R. bezieht sich alleine auf die längeren Urlaubsreisen ab fünf Tagen Dauer.

Seit Mitte der 1980er Jahre ist die durchschnittliche Reisedauer in Tagen kontinuierlich gesunken. Nach wie vor ist die Zwei-Wochen-Reise die dominierende Urlaubsreise, auch wenn die Zahl der drei Wochen dauernden Reisen in den 1980er Jahren deutlich anstieg. Das Absinken der durchschnittlichen Aufenthaltsdauer lässt sich vor allem auf den Rückgang der längeren Reisen (mit mehr als 27 Tagen) zurückführen, die drastisch eingeschränkt wurden. Auslandsreisen dauern im Durchschnitt ca. drei Tage länger als Inlandsreisen (2008: Inland = 10,4 Tage; Ausland = 13,5 Tage; Gesamt = 12,5 Tage).

Aus der Zahl der Reisenden und jene der durchgeführten Reisen lässt sich durch einfache Division die Reisehäufigkeit berechnen.

Definition Reisehäufigkeit

Die Reisehäufigkeit gibt an, wie oft dieselben Personen im selben Jahr eine Urlaubsreise unternommen haben.

Sie lag 1985 bei 1,17 Reisen pro Reisendem ab 14 Jahren, unter Einbeziehung der unter 14-Jährigen (mittels Mikrozensus) bei 1,12 Reisen pro Reisendem. Seit Mitte der 1990er Jahre liegt die Reisehäufigkeit bei 1,3 bis 1,4 Reisen pro erwachsenem Reisenden.

Als Kurzreisen werden alle Reisen mit privatem Charakter von zwei bis vier Tagen Dauer, d.h. mit mindestens einer bis maximal drei Übernachtungen, bezeichnet. Solche Kurzurlaubsreisen werden sehr oft an verlängerten Wochenenden oder unter Einbeziehung von Feiertagen, vielfach in Form von Städtereisen, durchgeführt. Auch bei den Kurzurlauben muss wieder zwischen Kurzurlaubsreisenden (= Personen) und Kurzurlaubsreisen unterschieden werden. Kurzreiseintensität und -häufigkeit haben in den letzten Jahren kontinuierlich zugenommen.

Kurzurlaubsreisen werden von der Mehrheit der Reisenden nicht als Ersatz, sondern als Ergänzung zur größeren Urlaubsreise (mit fünf oder mehr Tagen Dauer) durchgeführt. Von allen Kurzurlaubsreisenden haben 2002 (1987) mehr als drei Viertel, nämlich 83% (67,1%) auch eine längere Reise durchgeführt. Anders ausgedrückt: Nur ca. 17% (2002) der Bevölkerung über 14 Jahren machten in den vergangenen Jahren *nur* Kurzreisen. Das Potential der Kurzurlaubsreisenden (Personen!) ist somit weitgehend mit dem der Reisenden bei längerem Urlaub identisch. Dies impliziert, dass Kurzreisende keinesfalls die „ärmeren Spartouristen" sind, die sich einen längeren Urlaub nicht leisten können; aufgrund der weitgehenden Personenidentität gibt es keine Kaufkraftunterschiede. Veranstalter sind also gut beraten, ihren Kunden sowohl längere als auch kürzere Reisen „aus einer Hand" anzubieten.

Die einzelnen Reisenden stellen zwar die Adressaten des Reiseveranstaltermarketing dar, doch zeigt erst die Zahl der von ihnen unternommenen Reisen an, was ein Veranstalter bzw. der gesamte Reiseveranstaltermarkt maximal an Buchungen hätte verzeichnen können.

Wichtige Erkenntnisse

- Auch wenn in den letzten Jahren vermehrt Kurzurlaubsreisen durchgeführt wurden, so hat sich auch die Anzahl der Haupturlaubsreisen leicht erhöht. Dieses ging allerdings zu Lasten der Reisedauer, die sich insgesamt rückläufig entwickelt hat.
- Die Reiseintensität liegt heute bei ca. 75%; die Reisehäufigkeit bei 1,3 Reisen pro Jahr pro Reisendem.

Fallbeispiel touristische Kennzahlen

Ihnen liegen für sieben Freunde folgende reisespezifischen Informationen für das vergangene Jahr vor:

Name	Alter	Reise unternommen nach	Reisedauer
Paul	25	1. Mallorca	14 Tage
		2. Kreta	7 Tage
Erna	29	1. USA	25 Tage
Fritz	44	1. Rom	3 Tage
		2. Paris	2 Tage
		3. Ski Österreich	4 Tage
Susi	19	1. Ibiza	16 Tage
		2. London	4 Tage
Fred	34	1. Mallorca	12 Tage
Berta	27	Keine Reise	-
Heinz	24	1. Rügen	14 Tage
		2. Paris	3 Tage

Ermitteln Sie aus diesen Werten für diese Freundesgruppe (jeweils gemäß den Definitionen laut F.U.R.):
a) die Netto-**Reiseintensität**,
b) die **Kurzreisen-Reiseintensität**,
c) die **Brutto-Reiseintensität** bezogen auf alle Reisen,
d) die **durchschnittliche Reisedauer** für längere Urlaubsreisen,
e) die **Reisehäufigkeit** bezogen auf alle Reisen und
f) die **alterspezifische Reiseintensität**, bezogen auf alle Reisen der Unter-30-Jährigen,

4.2 Potential der Pauschalreisenden bzw. der Veranstalter-Reisen

Bei der Ableitung von Aussagen über den Reiseveranstaltermarkt aus den Statistiken beispielsweise des Studienkreises für Tourismus ist zu beachten, dass für bestimmte Fragestellungen die Tabellen kritisch interpretiert bzw. modifiziert werden müssen. So wird vielfach das Marktvolumen an Reisen bzw. Reisenden weitgehend unabhängig davon dargestellt, ob es sich dabei um von Reiseveranstaltern organisierte Reisen handelt oder ob die Urlauber ihre Reise selbst organisiert haben. Von dem gesamten „Urlauberkuchen" profitieren deutsche Reiseveranstalter nur ca. zur Hälfte, wie ein Blick auf die in der Reiseanalyse ermittelte Organisationsform der Haupturlaubsreise zeigt.

	1995	2000	2001	2002	2003	2004	2005	2006	2007	2008
Reisebüro, RV oder andere Stelle in Anspruch genommen	40,2	49,0	48,0	46,1	44,2	46,8	48,0	46,5	46,0	47,0
keine Stelle in Anspruch genommen; alles selbst organisiert (Individualreisende)	59,8	51,0	52,0	53,9	55,8	53,2	52,0	53,5	54,0	53,0
Haupturlaubsreisen insgesamt	100	100	100	100	100	100	100	100	100	100

Abb.4.3: *Organisationsform der Haupturlaubsreise*
(Quelle: Reiseanalysen des Studienkreises für Tourismus bzw. von F.U.R. aus den jeweiligen Jahren)

Seit Mitte der 1980er Jahre kann ein kontinuierlich wachsender Anteil der Pauschalreisen (Voll- oder Teilpauschalreise) beobachtet werden. Ende der 1980er Jahre lässt sich jedoch eine stagnierend-schwankende Tendenz feststellen. Die Pauschalreiseintensität lag schon Mitte der 1990er Jahre bei ca. 40%; sie erreichte nach der Jahrtausendwende Rekordwerte von fast 50%. Nach wie vor ist die größere Zahl von Urlaubsreisen von den Urlaubern ohne Hilfe der Reiseveranstalter (oder anderer Organisationen) vorbereitet und durchgeführt worden. 50-60% aller Urlaubsreisen (ab fünf Tagen) sind Individualreisen. Bei den Pauschalreisen muss ferner berücksichtigt werden, dass es sich nur bei einem Teil der Urlaubsreisen um Vollpauschalreisen handelt. Circa ein Viertel aller Pauschalreisen sind Teilpauschalreisen (z. B. nur Unterkunft, nur Transport). Diese Leistungen werden vielfach direkt vom Reisebüro angeboten, sind also nicht von Reiseveranstaltern i.e.S. organisiert.

Für die Zukunft ist aufgrund des Nachfragetrends in Richtung einer individuelleren Urlaubsform und der Möglichkeit, sich mit Hilfe von sog. Billig-Fliegern Reisen in eigener Regie preiswert zusammenzustellen, davon auszugehen, dass der Anteil der Pauschalreisen auf einem Niveau von ca. 50% stagnieren wird erstellen zu können es sei denn, es gelingt den Reiseveranstaltern, durch die Individualisierung und Flexibilisierung der Angebote Individualreisende zu Pauschalreisenden zu machen.

Die Struktur der Pauschalreisenden unterscheidet sich in einigen Punkten von derjenigen aller Urlaubsreisen. Von der Altersstruktur her sind es vor allem die 40-49-Jährigen, die Pauschalreisen buchen. Auch nach der Schulbildung gibt es Unterschiede hinsichtlich der Pauschalreiseintensität. Vor allem Personen mit höherer Schulbildung neigen zu Pauschalreisen. Diese Tendenz hängt sicherlich stark mit den Unterschieden hinsichtlich des verfügbaren Haushaltseinkommens und damit auch der wählbaren (weil finanzierbaren) Reiseziele zusammen: Je höher das Haushaltseinkommen, desto mehr wird gereist (allgemeine Reiseintensität) und desto eher wird auch pauschal gebucht (Pauschalreiseintensität).

Interessant ist auch ein Vergleich der Pauschalreiseintensität nach Haushaltsgröße und Familienstruktur. Große Haushalte verreisen zwar nicht wesentlich weniger als kleinere, buchen jedoch kaum Pauschalreisen. Ebenso nutzten Familien mit kleineren Kindern kaum die Angebote der Reiseveranstalter. Sie verreisen lieber individuell, ohne das feste Veranstalterprogramm. Hier bietet sich also familienorientierten Reiseveranstaltern noch ein enormes Potential, wenn es ihnen gelingt, Familien zu Pauschalreisen zu bewegen.

Wichtige Erkenntnisse

- Die Nachfrage geht in Richtung Individualisierung, diesen Trend sollten Reiseveranstalter durch individualisierte Pauschalreisen aufgreifen.

- Als Zielgruppe für Pauschalreisen lassen sich insbesondere Personen mit höherem Haushaltseinkommen im mittleren Alter festmachen. Familien mit Kindern tendieren eher zu Individualreisen und bilden daher ein großes Potential, das es für Pauschalreisen zu gewinnen gilt.

Vertiefungsfragen

? Erläutern Sie, was man allgemein sowie in der spezifischen Definition von F.U.R. unter *Reiseintensität* versteht!

? Nennen Sie die Formel zur Berechnung der Netto-Reiseintensität und der Reisehäufigkeit!

Literaturhinweise

▪ Bleile, G., (Zukunftstrends), Zukunftstrends der touristischen Nachfrage in der Bundesrepublik Deutschland, in: Revue de Tourisme, 43. Jg., Nr.3/1988, S. 19–23.

▪ Kirstges, T., Expansionsstrategien im Tourismus, 3. Auflage, Wilhelmshaven 2005.

▪ o.V., Tabellen der Verbraucheranalyse 1988, nach: Heinrich Bauer Verlag, Marktreport, S. 43–46.

5 Wertschöpfende Aktivitäten, Arbeitsweise und Organisation

Lernziele ◎

Am Ende dieses Kapitels sollten Sie Folgendes können:

- ○ einzelne Wertschöpfungsaktivitäten eines Reiseveranstalters kennen;
- ○ Bedeutung und Einsatzmöglichkeiten von IT im Reisebüro im Hinblick auf Front-, Mid- und Back-Office-Bereichen benennen;
- ○ Überblick über die gängigen IT-Systeme geben.

Touristikunternehmen schaffen Werte … und zeigen dies, hier auf einer Jahrestagung des DRV. So werden ganze Zielgebiete von ihnen geprägt.

Weitere Informationen, Fallbeispiele und Übungen unter
www.tourismus-grundlagen.de

5.1   Überblick der Wertschöpfungsaktivitäten

Die einzelwirtschaftliche Wertschöpfung gilt als Maß der Eigenleistung eines Unternehmens, das angibt, welcher *Wert* im Rahmen des unternehmerischen Produktionsprozesses *geschöpft*, also geschaffen wird. Die Wertschöpfung ist somit „Ausdruck der durch eine Unternehmung geschaffenen Werte". Für eine beschreibende Darstellung der Wertschöpfungstiefe kann das Konzept der **Wert(schöpfungs)kette** nach Porter herangezogen werden. Er unterscheidet zwischen Mikro- und Makroebene: Die **Makroebene**, die Porter auch als Wertsystem bezeichnet, enthält alle Stufen des Transformationsprozesses, die ein Produkt oder eine Leistung innerhalb einer Branche auch über mehrere Unternehmen durchläuft. Auf der **Mikroebene** werden die Vorgänge innerhalb einer einzelnen Unternehmung als Wertkette abgebildet, die sogenannte primäre und unterstützende Wertaktivitäten sowie die Gewinnspanne erfasst. Die „Urform" der Wertschöpfungskette nach Porter ist auf die Analyse industrieller Unternehmungen ausgelegt. Für die vorliegende Arbeit wurden daher die primären Aktivitäten dem Werterstellungsprozess der Tourismusindustrie angepasst und die unterstützenden Aktivitäten um die Bereiche *Entwicklung und Sicherung einer Unternehmensidentität, Qualitätsmanagement* und *Finanzmanagement* erweitert.

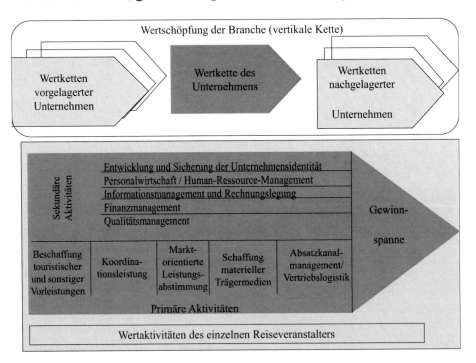

Abb.5.1: *Modell einer für den Reiseveranstaltermarkt modifizierten Wertschöpfungskette nach Porter.*

Auf der Makroebene der Wertschöpfung kann man, bspw. bei einer „normalen" Flugpauschalreise in den Mittelmeerraum, etwa von folgenden Anteilen der einzelnen
Wertschöpfungsstufen an der Gesamtwertschöpfung ausgehen:

Wertschöpfungsstufe	Wertschöpfungsanteil (in %)	Wertschöpfung (Beispielwerte, ausgehend von einem Pauschalreisepreis von 600,-EUR)
Beherbergung / Hotel	35–40	220,- EUR
Zielgebietsagentur	1–3	15,- EUR
Carrier / Airline	35–40	220,- EUR
Reiseveranstalter	10–15	75- EUR
Reisemittler	10–12	70,- EUR
Summe = Reisepreis	100	600,- EUR

Abb.5.2: *Anteil der einzelnen Wertschöpfungsstufen an der Gesamtwertschöpfung einer durchschnittlichen Flugpauschalreise.*

Die folgende Abbildung analysiert die Mikroebene genauer, verdeutlicht also, worin
die Wertschöpfung auf den einzelnen unternehmensinternen Wertschöpfungsebenen
der primären Aktivitäten im Falle eines typischen Reiseveranstalters zu sehen ist. Ein
kleines Zahlenbeispiel, das die Wertschöpfung im Zuge der Erstellung einer Skipau-
schalreise durch einen Reiseveranstalter zum Inhalt hat, soll der Verdeutlichung dienen. Wenngleich die Trennung der einzelnen Stufen teilweise sehr theoretisch anmu-
ten mag, dient diese inhaltliche Strukturierung doch dem besseren Verständnis der
touristischen Veranstalteraktivitäten in der Praxis. In diesem Beispiel liegt die gesamte Wertschöpfung des Unternehmens bei 90 Geldeinheiten (320 (Markt-/Nettover-
kaufspreis) abzüglich 100 + 80 +50 für Vorleistungen).

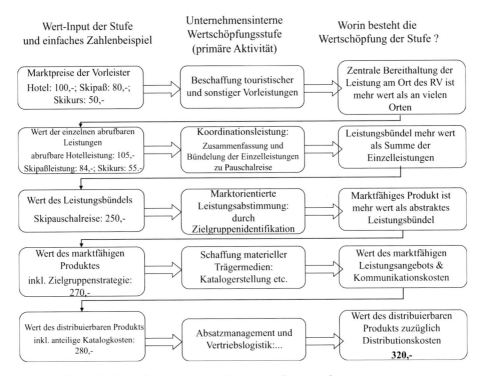

Abb.5.3: *Wertschöpfungsstufen eines typischen Reiseveranstalterunternehmens.*

Für eine tiefer gehende Analyse der Wertschöpfungsaktivitäten eines Reiseunternehmens wird im Folgenden, aus der Mikroebene betrachtet, auf die einzelnen Vermittlungs- und Verkaufsprozesse in einem Reisebüro im Hinblick auf die Bedeutung und die Einsatzmöglichkeiten von IT eingegangen.

Wichtige Erkenntnisse

- Die Wertschöpfung gibt an, was ein Unternehmen im Rahmen eines Produktionsprozesses geschöpft, also geschaffen hat.
- Man unterscheidet bei der Wertschöpfung zwischen der *Mirkoebene* (die Wertschöpfung *eines* Unternehmens) und der *Makroebene* (die Wertschöpfung *mehrerer* Unternehmen in der vertikalen Struktur der Tourismusbranche).

5.2 Einfluss der Informations-technologie

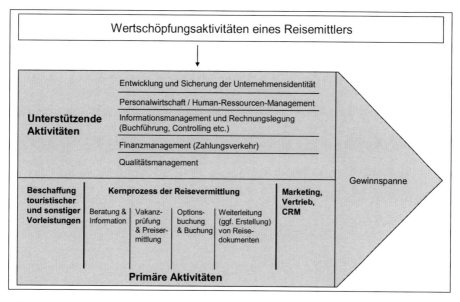

Abb.5.4: *Modell der Wertschöpfungsaktivitäten eines Reisemittlers*

Reiseveranstalter und Reisemittler erstellen, wie wir aus Kapitel 2 wissen, Dienstleistungen. Die von ihnen genutzte „Produktionstechnologie" umfasst daher keine Fertigungsmaschinen, wie dies zum Beispiel bei der Erstellung von materiellen Konsumgütern der Fall ist, sondern vor allem die Verarbeitung von Informationen.

Die Vermittlungs- und Verkaufsprozesse in einem Reisebüro und die damit einhergehenden Verwaltungsaufgaben lassen sich in eine Vielzahl von Prozessschritten unterteilen. Im Folgenden werden diese kurz erläutert, da sie die Grundlage für das Verständnis der Einsatzmöglichkeiten von IT im Reisebüro bilden. Dabei wird eine Unterteilung in Aufgaben des Front, Mid und Back Office-Bereichs vorgenommen. Für jeden dieser Wertschöpfungsbereiche werden geeignete IT-Tools vorgestellt.

■ Front Office

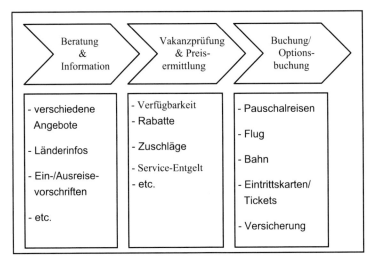

Abb.5.5 : *Aufgabenbereiche im Front-Office*

Das Front Office umfasst alle Leistungen, die im direkten Kundenkontakt erbracht werden. Folgende Aufgaben, die IT-Unterstützung erfordern, fallen hier an:

– **Bedarfsanalyse und gezielte Angebotspräsentation**: Die Bedarfsanalyse nimmt in dem Verkaufsgespräch heutzutage eine zentrale Rolle ein. Es müssen bedarfsgerechte Angebote gefunden oder zusammengestellt und präsentiert werden. Hierbei muss das IT-System den Expedienten bereits intelligent unterstützen und ihm helfen, sich von den Kundenwünschen ein umfassendes Bild zu machen und den Kundenbedarf vollständig zu erfassen. Zugleich soll das IT-System dem Expedienten geeignete Angebote und Alternativ-Angebote, jeweils zum günstigsten verfügbaren Preis, vorschlagen. Idealerweise unterstützt das IT-System zugleich die Präsentation der Angebote durch multimediale Elemente, die dem Kunden optional gezeigt werden können. Somit erfolgt die Angebotspräsentation heute (und vor allem in Zukunft) nicht mehr nur über Reisekataloge, sondern auch multimedial.

– **Information:** Der moderne Kunde kommt heutzutage nicht selten bereits gut informiert in das Reisebüro. Der Kunde hat sich über das Internet oder das Fernsehen bereits mit dem Reiseland beschäftigt und oft auch schon Angebote gesichtet. So kann es sein, dass insbesondere bei eher selten gebuchten Reisezielen ein Kunde beim Betreten des Reisebüros über einen erheblichen Informationsvorsprung gegenüber dem Expedienten verfügt. Hier nun sollte das ideale IT-System den Expedienten mit gezielten, schnell zu erfassenden Informationen zu Zielgebiet und Unterkunft unterstützen. Wünschenswert sind hier vor allem Informationen, die sich der Kunde im Internet nicht so ohne Weiteres erschließen kann, wie z. B. Insider-Informationen, die direkt von der Reiseleitung des Ziellandes stammen. Dem Kunden wird damit zugleich die Fachkompetenz des Reisebüros signalisiert.

Weiterer Informationsbedarf kann beispielsweise hinsichtlich Ein- und Ausreise-bestimmungen oder Gesundheitsvorschriften für das Zielgebiet bestehen.

–   **Vakanzprüfung:** Hat der Kunde ein Angebot oder einige Alternativen ausge-wählt, erfolgt die Vakanzprüfung (Prüfung der Verfügbarkeit der gewünschten Reiseleistung). Eine Vakanzprüfung mit Informationen über noch verfügbare Plät-ze liefert mitunter auch starke Verkaufsargumente; idealerweise sollte sie in Echt-zeit erfolgen.

–   **Preisermittlung:** Die Unterstützung des Expedienten bei der Preisermittlung hat durch die Flexibilisierung der Katalogpreisbindung seit November 2008 noch an Bedeutung gewonnen. Im Idealfall berechnet das System nicht nur unter Berück-sichtigung individueller Service-Entgelte den gewünschten Preis, sondern verweist zugleich auch auf (Preis-)Alternativen. Für die Preisnennung im laufenden Ver-kaufsgespräch sollte das System wesentliche Leistungen noch einmal herausstel-len und so den Expedienten mit wertvollen Argumentationshilfen unterstützen. Bei der Preisermittlung sind eventuelle Rabatte, Zuschläge sowie die Service-Entgelte der Reisbüros zu berücksichtigen.

–   **Zusatzleistungen:** Ein intelligentes IT-System unterstützt den Expedienten beim Verkauf von Zusatzleistungen, indem es aus der Bedarfsermittlung gewonnene Erkenntnisse oder auch bereits vorhandene Kundendaten nutzt, um kundengerech-te Zusatzleistungen anbieten und verkaufen zu können. Naheliegend sind hier z.B. verschiedene Reiseversicherungen (z.B. Reiserücktrittskostenversicherung oder Gepäckversicherung), Mietwagen, Ausflugspakete, Eintrittskarten für Veranstal-tungen vor Ort (Theater, Oper, Events etc.), schriftliche Reiseführer etc..

–   **Optionsbuchung / Buchung:** Der Beratungsprozess kann zum einen mit einer Buchung oder Optionsbuchung abschließen, zum anderen kann der Kunde das Reisebüro auch ohne Vertragsabschluss verlassen. Das IT-System im Reisebüro führt nicht nur Buchungen und Optionsbuchungen durch und stellt diese übersicht-lich und zugleich umfassend dar, sondern es sollte auch bestehende offene Optio-nen intelligent verwalten, die unterschiedlichen Optionsregelungen der Veranstal-ter berücksichtigen und damit Fehler vermeiden helfen.

Des Weiteren sollte die Software zusätzliche nützliche Funktionen, wie z.B. Service-funktionen für Reisemittler am Point of Sale (POS) zur Verfügung stellen. Solche können z.B. eine Terminverwaltung oder ein Währungsrechner sein.

Neben diesen Funktionen sollte sich die Usability des IT-Systems idealerweise auch dadurch auszeichnen, dass das System schnell, übersichtlich und auf kurzem Wege die benötigten Informationen vom Reiseveranstalter bis hin über Cruise, Bahn, Flug u.v.m. in einer Weise zur Verfügung stellt, die zugleich eine Bedienung auf intuitive Weise ermöglicht und wenig Einarbeitungszeit erfordert. Dann können auch neue Arbeitskräfte oder die Auszubildenden im ersten Ausbildungsjahr die Software rasch beherrschen. Allerdings lässt die Komplexität und Heterogenität der Daten, die ein IT-System im Reisebüro heutzutage abbilden und berücksichtigen muss, rasch deutlich werden, dass das einfach zu bedienende Idealsystem, welches jedem Reisebüro gerecht wird und alle Funktionen erfüllt, kaum existieren kann. Da diese komplexen Aufgaben bislang nicht von *einem* Software-Produkt allein umfassend erfüllt werden, benötigt ein Reisebüro heutzutage i.d.R. ein Konglomerat an Software-Produkten, das sich wie folgt zusammensetzt:

Benötigte Software-Systeme in einem Reisebüro

O Buchungssysteme
inkl. Möglichkeit IBE-Anbindung: z.B. AMA-Toma/ Flug/Hotels/Cars etc., AMA-All Fares; Sabre-Merlin, Jack Plus, Hotel.de, HRS, e-domizil.de, e-hoi.de, Mercado Air, LH-Agent und andere internetbasierte Buchungstools der Anbieter

O Informationssysteme
welche die Buchungssystem ergänzen und erweitern: z. B. internetbasierte Tools wie Holidaycheck.de, Google-Maps etc.; Expertensysteme wie Extravis.pro von Holiday Land

O Preisvergleichssysteme
z. B. AMA Value Pricer, Bistro Portal, Cosmo-Traffics

O Systeme für Last Minute/Spezialangebote
z.B. AMA-LM, BistroPortal, SabreBargainFinderMax, SabreFlightExpress

O Systeme zur differenzierten Berechnung von Service-Entgelten
z. B. AMA-TAF-Manager/SAM

■ Mid Office

Das Mid Office bildet die Schnittstelle zwischen Front und Back Office. Die anfallenden Aufgaben sind zwar kundenbezogen, sie werden jedoch nicht im unmittelbaren Kundenkontakt ausgeführt. Es sind verschiedene Dokumente für den Kunden zu erstellen, so z.B. Flug- und Bahntickets, Rechnungen, Reiseanmeldungen und -pläne oder Voucher. Diese können auf verschiedene Weise übermittelt werden, z.B. als Ausdruck oder per E-Mail. Geeignete IT-Systeme erleichtern dem Reisebüro z. B. durch die automatisierte oder halbautomatisierte Erstellung und den Versand von Dokumenten via Fax oder E-Mail die tägliche Arbeit.

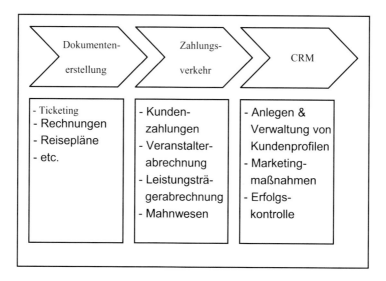

Abb. 5.6 : *Aufgabenbereiche des Mid-Office*

Auch der Zahlungsverkehr wird im Mid Office abgewickelt. Dies beinhaltet einerseits die Erfassung der Kundenzahlungen. Andererseits ist der Zahlungsverkehr mit Veranstaltern und Leistungsträgern zu regeln. Die Abwicklung kann als Reisebüro- oder als Direktinkasso erfolgen. Außerdem muss – ggf. über eine Schnittstelle mit der Finanzbuchhaltung – ein Mahnwesen eingerichtet werden.

Eine weitere Aufgabe ist das **Customer Relationship Management** (CRM). Ziel ist es, einen möglichst umfassenden Überblick aller Kundenaktivitäten direkt am Counter zu bekommen, um so auch im direkten Kundenkontakt auf die individuellen Bedürfnisse eingehen zu können. Durch dieses Wissen kann die Beratungsqualität erhöht werden. Wichtig hierfür ist vor allem die korrekte Erfassung von Kunden- und Buchungsdaten in einer Kundendatenbank (persönliche Daten, Reisegewohnheiten, Zielgruppenzugehörigkeiten, sonstige relevante Daten). Die Auswertung der Kundendaten ermöglicht es dem Reisemittler, Kunden zu strukturieren sowie nach bestimmten Kriterien zu analysieren und zu selektieren. So bietet ein geeignetes System Möglichkeiten, aus den kundenbezogenen Informationen und Buchungshistorien individuelle Kundenprofile zu erstellen oder geeignete Marktsegmente näher zu bestimmen und zugleich zu bewerben. Die Kundenprofile sollten u.a. Stamm- und Kontaktdaten, Interessen und Besonderheiten der Kunden sowie ihre Buchungshistorie enthalten. Zugleich werden After-Sales-Maßnahmen im Mid Office vorbereitet und gegebenenfalls automatisiert. Die Kundendatenbank bildet somit die Grundlage für Kundenbindungs- und Direktmarketingmaßnahmen wie E-Mails, interessenspezifische Angebote, Geburtstagsgrü-ße etc. Außerdem ist es sinnvoll, den Erfolg der Kampagnen zu überwachen, also z.B. die Zahl der Buchungen im Anschluss an E-Mails.

An der Schnittstelle zur nachfolgend erläuterten Controllingfunktion des Back-Offices erfüllt das Mid Offices auch eine Steuerungsfunktion: vordefinierte Preisaufschläge (Servicefees) und Firmenkundenvorgaben sind zu berücksichtigen, Umsätze und Provisionen zu maximieren. Die Servicefeeberechnungsfunktion übernimmt die Kalkulation der Bruttopreise der einzelnen Leistungen für den Expedienten im Verkaufsbüro und stellt ihm diese dann zur Verfügung.

Die Verkaufssteuerung ist für ein Reisebüro von zunehmender Bedeutung. Grund hierfür ist die verstärkte Differenzierung der Provisionen in Abhängigkeit von detaillierten Umsatzzielen sowie die Flexibilisierung der bisherigen allgemeingültigen Tarife. Voraussetzung für eine aktive Verkaufssteuerung ist dabei eine vollständige und permanent aktualisierte Übersicht der Provisionen der einzelnen Veranstalter und Leistungsträger. Besonders das Erreichen von Zusatzprovisionen ist für den wirtschaftlichen Erfolg eines Reisebüros zunehmend entscheidend. Diese Provisionen werden nicht nur aufgrund von Umsatzerlösen, sondern differenzierter in Abhängigkeit von einzelnen Flugstrecken oder Zielgebieten ausgezahlt. Zum Erreichen dieser Ziele werden die dargestellten Angebote vorgefiltert. Dies ermöglicht dem Reisemittler, Angebote, die nicht verkauft werden sollen, auszuschließen. Ein weiterer Teilbereich beschäftigt sich mit den Firmenrichtlinien, wobei der Reisemittlern bei der Buchung von Geschäftsreiseleistungen verpflichtet ist, die firmeninternen Buchungsvorgaben der Kunden zu beachten.

Im Detail ist die Abgrenzung zwischen Mid und Back Office oft nicht eindeutig zu vollziehen, da beide Bereiche doch sehr stark miteinander verzahnt sind. Geeignete IT-Tools werden daher zusammenfassend am Ende des nächsten Abschnitts dargestellt.

▪ Back Office

Der Begriff Back Office umschreibt die Tätigkeiten, die normalerweise im „versteckten", für den Kunden nicht sichtbaren Bereich des Reisebüros verrichtet werden. Im Zusammenhang mit den Leistungen im Front Office fallen Verwaltungsaufgaben in den Bereichen Buchführung und Controlling an, die im Back Office abgewickelt werden. Über den Zahlungsverkehr hinaus unterstützt das IT-System im Back Office allgemeine Verwaltungsaufgaben und das Rechnungswesen. Das IT-System liefert zugleich in selbst gewählten Intervallen Statistiken und Reportings, z. B. über den Umsatz einzelner Mitarbeiter. Es stellt nicht nur die Daten bereit, z. B. für Soll-Ist-Vergleiche, sondern bildet auch die Grundlage für ein umfassendes Controlling-System und Management-Informationssystem (MIS). So hat die Buchhaltung z.B. die folgenden Aufgaben:

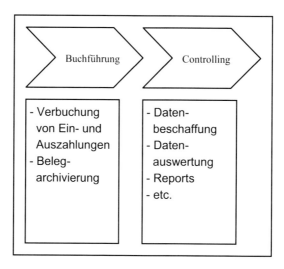

Abb.5.7 : *Aufgabenbereiche des Back-Office*

Aufgaben der Buchhaltung

- Übersicht über die Bestände sowie über Veränderungen an Vermögen und Kapital,
- Buchung von Umsätzen und Aufwendungen,
- Ermittlung des Ergebnisses in der Gewinn- und Verlustrechnung,
- Bereitstellung von Zahlen für innerbetriebliche Kontrollen, Betriebsvergleiche und zur Berechnung der Steuern.

Dies bedeutet für Reisebüros, dass alle erhaltenen und geleisteten Zahlungen genau verbucht werden müssen. Die Geschäftsvorgänge sind zu belegen, etwa mit Rechnungen, Quittungen, Kontoauszügen usw., und zu archivieren. Das Controlling umfasst die fortwährende rentabilitätsbezogene Durchleuchtung eines Unternehmens, die Aufdeckung von Schwachstellen und die Entwicklung von Verbesserungsvorschlägen. Des Weiteren wird die Erreichung von kurz- und langfristigen Unternehmenszielen kontrolliert und es werden neue Ziele formuliert.

Zur Erfüllung dieser Aufgaben müssen auch buchungs- und kundenbezogene Daten gesammelt werden. Deren Auswertung erfolgt z.B. in Bezug auf einzelne Veranstalter, Leistungsträger oder Kunden(-gruppen). Sinnvoll ist eine anschließende Aufbereitung in Form von Reports, die Statistiken, Kennzahlen, Soll/Ist-Vergleiche u.ä. enthalten. Zusammenfassend kann festgehalten werden, dass sowohl für den Mid- als auch für den Back-Office-Bereich das IT-System folgende Aufgabenfelder abdecken sollte:

Aufgabenfelder des IT-Systems im Mid- und Backoffice

- Verwaltung von Kundendaten/-profilen: z.B. AMA-Customer Profiles; MySabre und merlin Midoffice; Jack; Bosys, Midoco/Pisano;

- automatisches Versenden von Unterlagen: z. B. AMA-Fax/E-Mail-Plus; MS-Outlook; Fritz-Fax;

- Möglichkeiten der Zahlungsabwicklung: z. B. AMA Cash;

- Buchhaltungssystem bzw. Cash-Management-System mit automatischer Schnittstelle zwischen Buchhaltung und Bank.

■ Überblick über die IT-Systeme

Der Markt der IT-Systeme für Reisemittler wird von folgenden drei weltweit operierenden GDS (Globale Distributionssysteme) dominiert:

GDS

- Amadeus / Amadeus Germany (mit Traveltainment/Bistro)
- Sabre/Merlin (mit Lastminute.de)
- Travelport (Galileo/Wordspan)

Diese Anbieter sind bereits lange auf dem Markt und genießen eine hohe Marktakzeptanz. Sie geben vor, die Reisemittler umfassend bei ihren Aufgaben zu unterstützen und die wesentliche Bandbreite der IT-Aufgaben im Reisebüro abdecken zu können. Zugleich greifen Newcomer die bisherigen Marktführer an und machen den etablierten Anbietern Konkurrenz. Hier sind vor allem Jack Plus von Bewotec sowie Traffics Cosmo zu nennen, die seit 2008/2009 stark in den Markt drängen. Auch diese Newcomer werben damit, die wesentlichen Aufgaben des Reisebüros abdecken zu können. Des Weiteren tummeln sich auf dem Markt mindestens 25 Spezialanbieter, welche mit branchenspezifischen IT-Tools oftmals eine Nische besetzen.

Die im Reisebüro möglicherweise zum Einsatz kommenden IT-Systeme schaffen jedoch durch ihre Vielseitigkeit und Heterogenität auch Probleme. Zum einen wurde eine datentechnische Integration von Telefon, Front Office, CRS, Internet etc., die auch ein umfangreiches Multi-Channelling erlauben würde, bislang noch nicht realisiert. Zum anderen kommt es zwischen den verschiedenen Front-, Mid- und Backoffice-Systemen in der Praxis zu Systembrüchen. Diese verhindern mitunter nicht nur die Datenübergabe zwischen den Systemen, sondern sie erfordern z. T. zudem ein Umdenken des Anwenders beim Wechsel zwischen den Systemen und erschweren somit auch die Einarbeitung neuer Mitarbeiter. Dadurch, dass die Daten mitunter auch untereinander inkompatibel sind, werden manuelle Neueingaben nötig, die eigentlich grotesk sind, da die einzugebenden Daten bereits digital vorliegen. Zudem bilden vorhandene Insellösungen stets nur einen kleinen Ausschnitt aus dem Gesamtprozess ab, was z. B. auch eine übergreifende Auswertung der vorhandenen Daten unnötig kompliziert oder gar unmöglich macht. Auch lassen sich viel genutzte Internetportale und bereits vorhandene Infosysteme teilweise nur schwer oder wenig effektiv in die Reisebüroprozesse einbinden.

Die bislang auf dem Markt befindlichen GDS bieten zudem bislang noch keine Komplettlösungen an. Stattdessen haben die Anbieter ihr Basisangebot um diverse Tools erweitert, welche die in der Praxis vermissten oder geforderten Funktionen bieten (sollen). Hier zeigt sich jedoch auch Kritik an den Tools der GDS: Reisebüros bezeichneten insbesondere die von Amadeus angebotenen Tools als:

- zu teuer,
- zu kompliziert, zu komplex, zu technikorientiert,
- zu unübersichtlich durch diverse Teillösungen,
- zu unflexibel (arrogante Haltung, keine individualisierten Lösungen; keine offenen Schnittstellen, z. B. zur Fibu von Jack).

Die Reisebüros wollen sich auf das besinnen und konzentrieren, was ihr eigentliches Geschäft ist: Reisen verkaufen. Die IT-Systeme sollen sie dabei optimal unterstützen und weder zum Selbstzweck werden, noch das Wissen eines IT-Spezialisten erfordern. In der Praxis wird oftmals zu viel Arbeitszeit durch die IT-Systeme selbst gebunden, sei es durch Pflege oder aber durch ständige Wiedereinarbeitung in selten genutzte Module.

■ Kriterien zur Beurteilung von GDS

Auf den IT-Markt für Reisebüros drängen nach und nach neue Anbieter. So tritt seit Ende 2008 z. B. TrafficsCosmo als vollwertiges CRS inklusive Beratungs- und Preisvergleichsfunktion an. TrafficsCosmo setzt darauf, bisherige Buchungs- und Beratungssysteme im Reisebüro vollständig zu ersetzen und im Sinne einer „Book it all-in-one-Philosophie" das alleinige System des Reisebüros zu sein. Auch JackPlus von der Firma Bewotec wirbt damit, als neue Vertriebsplattform die gesamten Arbeitsabläufe im Front-, Mid- und Backoffice-System abbilden zu können. Damit die Newcomer auf dem Markt allerdings tatsächlich eine ernsthafte Alternative für die Reisebüros darstellen können, sollten folgende Voraussetzungen erfüllt sein:

- **Effizienz:** Die neuen Systeme müssen besser und/oder billiger sein als die bisherigen GDS, damit sich für Reisebüros trotz des unter Umständen hohen Umstellungsaufwandes und der vorhandenen Unsicherheit ein Systemwechsel auch lohnt. Traffics oder Jack Plus sind z. B. äußerst preiswert bzw. kostenlos. Hier muss indes hinterfragt werden, ob die gebotene Leistung in der Gesamtheit auch tatsächlich vergleichbar ist.

- **Performance und Service:** Vergleicht man z. B. das Herzstück der GDS miteinander, so werden rasch Unterschiede deutlich. So greifen bei Amadeus nach eigenen Angaben weltweit rund 500 Airlines und 95.000 Reisebüros auf das Datenzentrum zu und veranlassen jährlich eine halbe Billion Buchungen. Im Vergleich zu dieser hohen Leistungsfähigkeit müssen die Newcomer dagegen erst ihre Performance bezüglich Verfügbarkeit und Systemstabilität langfristig unter Beweis stellen. Auch im Bereich Service und Support müssen die Newcomer mit den Großen mithalten können. Dies dürfte nicht so leicht sein, da z. B. bei Amadeus die „Erstanruf-Problemlösungs-Quote" bei ca. 245.000 Inbound-Anrufen pro Jahr immerhin 86 % beträgt.

– **Leistungsspektrum:** Zugleich haben die Systeme mit der Unterschiedlichkeit der Reisebüros zu kämpfen. Der Reisebüro-Markt ist, wie eingangs ausgeführt, z. B. hinsichtlich der Größe, Organisationsform und Sortimentsausrichtung der Reisebüros recht heterogen. Um diese Heterogenität auch im System abbilden und den unterschiedlichen Anforderungen der Reisebüros gerecht werden zu können, muss das GDS selbst vielseitig sein. Ein Vergleich von Leistungsbereichen und Content der Systeme zeigt auch hier recht schnell Unterschiede. Betrachtet man z. B. die Anbindung von mittelständischen Reiseveranstaltern an die Systeme, so sind bei Sabre mehr als 200 mittelständische Reiseveranstalter angeschlossen. Traffics kommt immerhin noch auf 160 Reiseveranstalter, JackPlus hingegen kann nur auf 90 Reiseveranstalter verweisen (Stand Sommer 2009). Ähnliche Vergleiche müssen die Reisebüros bei der Auswahl eines Systems bezüglich buchbarer Kreuzfahrten, internationaler Bahngesellschaften, dem Entertainment-Sektor u.a.m. anstellen. Als weiteres entscheidendes Vergleichskriterium im Leistungsspektrum kann das Vorhandensein und die Leistungsfähigkeit eines Angebotsvergleichssystems, in der Art wie es z. B. BistroPortal darstellt, herangezogen werden. Zudem liegen viele Leistungsunterschiede der Systeme im Detail, z. B. im Funktionsumfang des CRM oder MIS. Gerade diese Leistungsunterschiede erschließen sich dem Anwender häufig erst in der Anwendung der Systeme selbst. Für international tätige Ketten, wie z. B. Geschäftsreiseketten, kann ebenfalls die internationale Verbreitung eines Systems von hoher Bedeutung sein. Gerade hier zeigt sich dann die Stärke der GDS im Gegensatz zu den eher national ausgerichteten CRS.

– **Zukunftsfähigkeit der Software:** Die großen GDS investieren mitunter Millionen Euro pro Jahr in die Produkt(weiter)entwicklung, wie aktuell z. B. am Amadeus-Projekt ARNO deutlich wird. Sabre investiert nach eigenen Angaben ca. 200 Mio. USD pro Jahr. Newcomer hingegen müssen Umsteigern erst die Sicherheit vermitteln, dass ihre Software auch zukünftigen Anforderungen gegenüber angepasst und weiterentwickelt wird.

– **Solvenz des IT-Lieferanten**: Eine Insolvenz seines IT-Lieferanten stellt das Reisebüro vor möglicherweise große Probleme, je nach Art des genutzten IT-Tools. Mit Eintreten der Insolvenz fallen in der Regel zumindest Support und Weiterentwicklung der Software plötzlich weg. Dass ihr IT-Lieferant durch Insolvenz ausfallen kann, mussten z. B. im April 2008 die Kunden des internetbasierten CRM-Tools Di.Maxx von Di.Mas Marketing Ltd. schmerzlich erfahren. Von daher sollte die Solvenz eines IT-Anbieters im Vorfeld überprüft werden.

– **Rentabilität:** Der Einsatz mehrerer IT-Tools kostet Geld und Zeit, auch für die Einarbeitung. Hier wird jedes Reisebüro eine individuelle Kosten-Nutzen-Analyse aufstellen müssen, um festzustellen, ob die neu einzusetzenden IT-Systeme tatsächlich einen Mehrwert bieten und z. B. durch bessere bzw. günstigere Angebote oder eine größere Vielzahl von Angeboten ein Nutzen geschaffen wird, der letztlich zu Vorteilen gegenüber den Mitwettbewerbern und zu Effizienzsteigerungen führt.

- **Standards:** Die GDS haben in der Vergangenheit nicht nur ein dominantes Design, sondern auch Standards in Bedienung, Maskenaufbau etc. geschaffen. Diese sind den Expedienten in den Reisebüros vertraut. Damit bei einer Umstellung eine aufwendige und teure Einarbeitung entfällt, ist es sinnvoll, wenn sich Newcomer an den vorhandenen Standards orientieren. Dass Newcomer sich tatsächlich an vorhandenen GDS orientieren, zeigt sich z. B. an der JackPlus-Oberfläche, welche stark an die Amadeus-Maske erinnert.

Information

Auch wenn ein Newcomer nicht alle der genannten Kriterien vollständig erfüllt, so übt doch jeder angreifende Newcomer auf dem Markt sowohl einen direkten Innovations- als auch einen Preisdruck auf die etablierten GDS und die anderen Wettbewerber aus. Dadurch sind die GDS gezwungen, sich zu bewegen, wollen sie nicht mittel- oder langfristig wichtige Marktanteile verlieren oder gar neue Entwicklungen gänzlich verpassen.

Wichtige Erkenntnisse

- Die IT ist das zentrale „Produktionssystem" eines Reisemittlers.
- Das Front Office umfasst alle Leistungen, die im direkten Kundenkontakt erbracht werden.
- Das Mid Office bildet die Schnittstelle zwischen Front und Back-Office, in dem die anfallenden Aufgaben zwar kundenbezogen sind, jedoch nicht im unmittelbaren Kundenkontakt ausgeführt werden.
- Im Back Office werden die Tätigkeiten ausgeführt, die für den Kunden im nicht sichtbaren Bereich des Reisebüros verrichtet werden, wie allgemeine Verwaltungsaufgaben, Buchführung oder Controlling.
- Die Beschaffungsentscheidung für ein „passendes" IT-System ist sehr komplex, muss viele Aspekte berücksichtigen und bindet das Unternehmen längerfristig.

Vertiefungsfragen

? Auf Porter geht das Konzept der Wertschöpfungskette zurück. Zeigen Sie exemplarisch die Wertschöpfungsaktivitäten eines typischen Reiseveranstalterunternehmens sowie eines Reisemittlers auf! Worin liegen wesentliche Unterschiede zwischen den Reisemittler- und den Reiseveranstalteraktivitäten?

? Für die Erledigung welcher Aufgaben lässt sich in einem Reiseveranstalterunternehmen die EDV einsetzen? Zeigen Sie mindestens fünf tourismusspezifische Anwendungsbereiche der EDV auf!

Literaturhinweise

- Hofmann, W., (Flugpauschalreise), Die Flugpauschalreise, in: Mundt (Hrsg.), Reiseveranstaltung, S. 123–164.
- Intat, J.-U., (Diversifikation), Vergleich horizontaler und vertikaler Diversifikation aus der Sicht deutscher und schweizerischer Reiseveranstalter, Bern/Stuttgart/Wien 1995.
- Kirstges, T., in Schulz, Informationstechnologie, Oldenbourg-Verlag 2009.

6 Strategisches Marketing-Management in der Touristik

Marketing bei Reiseveranstaltern und Reisemittlern kennt viele Varianten

Weitere Informationen, Fallbeispiele und Übungen unter
www.tourismus-grundlagen.de

Nachdem Ihnen die Arbeitsweise und Organisation der Reiseveranstalter und Reisemittler näher gebracht wurden, stehen nun die gestalterischen Aspekte im Zentrum, beginnend mit dem strategischen Management in der Touristik. Das strategische Management beschäftigt sich mit unternehmenspolitischen Grundsatzentscheidungen, der Auswahl des Leistungsfeldes, der Aufteilung der Ressourcen nach Gegenwarts- und Zukunftswirkung und mit der Formulierung von Wachstums- und Ertragszielen. Es versucht also, durch langfristige und ganzheitliche Strategien den Erfolg und den Fortbestand des Unternehmens zu sichern. Statt von strategischem Management spricht man auch von strategischer Unternehmensführung.

Das **strategische Management** eines Touristikunternehmens erstreckt sich im Wesentlichen auf drei Bereiche: *Finanzen*, *Personal* und *Absatz/Marketing*. Jeder dieser drei Bereiche ist für einen Reiseveranstalter oder Reisemittler sehr bedeutsam, aber wenn heute von strategischer Unternehmensführung gesprochen wird, ist häufig in erster Linie das Marketing-Management gemeint. Das Marketing-Management nimmt eine Sonderstellung ein, weil es in der heutigen wirtschaftlichen Situation nicht mehr nur darum geht, solche Leistungen möglichst gewinnbringend zu verkaufen, die mehr oder weniger „zufällig" entstanden sind und die der Absatzabteilung von anderen Unternehmensbereichen vorgegeben werden. Marketing bedeutet heute, dass ein Unternehmen „vom Markt her" gesteuert wird und dass die Produkte von vornherein an den Bedürfnissen und Wünschen der Verbraucher orientiert sein müssen. Das heißt, dass nicht nur Absatz und Vertrieb, sondern *alle* Bereiche eines Unternehmens auf die Erfordernisse des Marktes ausgerichtet sein müssen. Man kann gewissermaßen sogar Marketing und strategische Unternehmensführung gleichsetzen.

Sie können sich deshalb merken:

Merke
Marketing ist viel mehr als eine Absatzstrategie; es ist eine Denkhaltung, die alle Bereiche und alle Ebenen eines Unternehmens betrifft und diese auf die Erfordernisse des Absatzmarktes ausrichtet.

Im Mittelpunkt dieses Kapitels steht deshalb das strategische Marketing-Management. Sie lernen die Schritte kennen, die beim Aufbau einer Marketingkonzeption aufeinanderfolgen. Im Einzelnen werden folgende Punkte behandelt:

- Unternehmensziele und Unternehmensleitbild,
- Analyse der Unternehmenssituation,
- Bausteine des strategischen Managements,
- Strategieprofil,
- Marketing-Mix (als operative Ausgestaltung der Marketingstrategien).

6.1 Festlegung von Unternehmenszielen und Unternehmensleitbild

Als ersten Schritt des strategischen Managements gilt es, die unternehmerischen Ziele zu definieren. Bei **Unternehmenszielen** handelt es sich um Soll-Zustände, die die Unternehmung anstrebt. Dies gilt auch für Touristikbetriebe. Man kann sagen, dass ein Tourismusunternehmen, das seine Ziele schriftlich in einem Leitbild niederlegt, Mitarbeitern, Kunden und Geschäftspartnern gegenüber Rechenschaft darüber ablegt, wie es sich selbst und seine Beziehung zu den genannten Gruppen sieht. Die Unternehmensziele beziehen sich also auf grundsätzliche Entscheidungen über den Zweck und die Legitimationsgrundlagen des Unternehmens sowie auf Leitlinien zu deren Umsetzung.

Mehr und mehr gehen Unternehmen dazu über, in ihrem *Unternehmensleitbild* nicht nur unmittelbar ökonomische Ziele zu formulieren, sondern auch ihren gesellschaftlichen Nutzen herauszustellen (CSR; Corporate Social Responsibility). Dahinter steht die Erkenntnis, dass jede Unternehmung (auch) einen gesellschaftsorientierten Wert haben muss, um langfristig ihre Existenz zu sichern. Eine solche dem Gewinn übergeordnete Zwecksetzung kommt beispielsweise in den Unternehmensgrundsätzen der TUI zum Ausdruck:

Unternehmensgrundsätze der TUI

- Der Gast bestimmt unser Handeln. Oder: Erwartungen erfüllt man am besten, indem man sie übertrifft.

- Wir setzen auf Qualität. Oder: Weil schöne Ferien ihren Preis haben, kommen sie einem nicht teuer zu stehen.

- Wir wollen wirtschaftlichen Erfolg. Oder: Geld ist nicht alles, aber alles ist nichts ohne Geld.

- Wir haben langfristige Ziele. Oder: Der schnelle Erfolg heißt so, weil er so schnell vorbei ist.

- Wir wollen flexibel, schnell und innovativ sein. Oder: Lieber manchmal etwas zu schnell, als einmal zu spät.

- Wir engagieren uns für den Schutz der Umwelt. Oder: Viele wollen die Umwelt schützen. Wir müssen.

- Wir sind ein Teil der Öffentlichkeit. Oder: Wer Millionen bewegt, kann das nicht geräuschlos tun.

- Die Mitarbeiter bestimmen den Erfolg. Oder: Mit vielen kleinen Schritten gelingt der große Sprung nach vorn.

Schriftliche Unternehmensphilosophien sind nicht nur für Großunternehmen erforderlich; auch für kleinere Betriebe ist die Formulierung solcher Leitbilder notwendig und lohnend.

Die schriftliche Fixierung der Unternehmensphilosophie ist wichtig, weil sie dazu beiträgt, dass das Unternehmen nach innen und nach außen geschlossen auftreten kann. Man spricht in diesem Zusammenhang auch von Unternehmensidentität oder **Corporate Identity**. Corporate Identity erstreckt sich auf drei Bereiche: auf das äußere Erscheinungsbild eines Unternehmens (*corporate design*), auf die Kommunikation des Unternehmens nach innen und außen (*corporate communications*) und auf das Verhalten des Unternehmens bzw. der einzelnen Mitarbeiter (*corporate behavior*).

Die Unternehmensphilosophie steht im Mittelpunkt der Corporate Identity. Nur wenn Ziele und Leitbilder festgeschrieben sind, kann sich die Unternehmensidentität im konkreten, täglichen Verhalten der Mitarbeiter untereinander, gegenüber Kunden und gegenüber allen sonstigen Austauschpartnern herauskristallisieren. Die Unternehmensphilosophie sollte deshalb gemeinsam mit den Mitarbeitern erarbeitet werden, zum Beispiel in Arbeitsgruppen. Werden die Mitarbeiter in den Entstehungsprozess eingebunden, fällt es ihnen leichter, die Unternehmensphilosophie zu akzeptieren und danach zu leben.

Wichtige Erkenntnisse

- Eine wichtige Aufgabe des strategischen Managements in der Touristik ist die Festlegung von Unternehmenszielen und Unternehmensleitbildern. Die Erarbeitung und Veröffentlichung lohnt sich nicht nur für Großunternehmen, sondern auch für kleinere Betriebe.

- In den Unternehmenszielen werden neben ökonomischen häufig auch gesellschaftliche Werte und Ziele verankert. Außerdem definieren sie die Einstellung des Unternehmens zu Kunden, Mitarbeitern und Geschäftspartnern.

6.2 Analyse der Unternehmenssituation

Ein zweiter wichtiger Schritt im Rahmen des strategischen Managements ist die Analyse der Unternehmenssituation, denn um marktgerecht handeln zu können, muss man die Rahmenbedingungen des eigenen Handelns kennen. Einfacher gesagt: Ich muss wissen, wohin ich will (Ziele) und wo ich jetzt stehe (Ist-Situation), um einen passenden Weg dorthin (Strategie) einschlagen zu können. Die Situationsanalyse kann in zwei Schritte untergliedert werden: zuerst werden die relevanten Daten gesammelt, danach ausgewertet.

6.2.1　Datensammlung

Die Unternehmenssituation ist abhängig von den natürlichen und gesellschaftlichen Rahmenbedingungen (wirtschaftliches, ökologisches, soziales, politisch-rechtliches und technologisches Umfeld), von den Verhältnissen auf den eigenen Absatz- und Beschaffungsmärkten sowie von der Konkurrenzsituation. Hinzu kommt, dass man sich über eigene unternehmerische Stärken und Schwächen Rechenschaft ablegen muss.

Für die touristische Situationsanalyse, die ja den einzelnen Betrieb in den Mittelpunkt stellt, empfiehlt sich eine Strukturierung der Daten und Informationen nach den Komplexen des internen, des externen und des erweiterten externen Datenkranzes. Der Komplex des internen Datenkranzes enthält Informationen über das Unternehmen und seine Leistungsbasis sowie über bisherige Aktivitäten und deren Ergebnisse. Der externe Datenkranz geht auf den Markt, den Wettbewerb, die Zielgruppen und (speziell für Reiseveranstalter wichtig) auf den Vertrieb ein. Der erweiterte externe Datenkranz gibt Auskunft über gesellschaftliche Strukturen, Einstellungen und Verhalten der Öffentlichkeit sowie über konjunkturelle Entwicklungen, Gesetze, technische Neuerungen und allgemeine Trends. Gemeinsam ergeben die Informationen aus den Datenkränzen ein Bild der Unternehmenssituation.

6.2.2　Datenauswertung

Die mit Hilfe der Datenkränze gewonnenen Daten müssen schließlich unter den Gesichtspunkten der Marktchancen und Marktrisiken, der Stärken und Schwächen des Unternehmens und den daraus ableitbaren strategischen Erfolgspositionen zusammengefasst und ausgewertet werden. Dieser Vorgang wird mit Hilfe eines Beispiels verdeutlicht:

Beispiel: Situation eines Reiseveranstalters　

Ein mittelgroßer, deutscher Pauschalreiseveranstalter, der vorwiegend die traditionellen Mittelmeerziele anbietet, sieht seine Situation folgendermaßen:

Marktchancen:

○ ungebrochener Trend zum „Warmwasser-Tourismus", d. h. beständige Nachfrage nach Reisen in den Mittelmeerraum, insbesondere nach Spanien, Italien und Griechenland;

○ weiterhin hohe Reiseintensität der deutschen Urlauber.

Marktrisiken:

○ Verdrängungswettbewerb durch aggressive Preispolitik vieler Veranstalter – Tendenz zum ruinösen Wettbewerb, keine Alleinstellungsmerkmale;

○ Bedrohung durch ausländische Wettbewerber;

O   Gefahr, der Sortimentsbereinigungen der Reisemittler zum Opfer zu
    fallen.

Unternehmensstärken:

O   relativ hoher Bekanntheitsgrad bei der Zielgruppe;

O   gutes Image, insbesondere resultierend aus der Qualität der Reiselei-
    ter;

O   viele Stammkunden.

Unternehmensschwächen:

O   traditionelles Produktangebot;

O   kaum neue, trendgerechte Angebotsformen (z.B. Rad- oder Wanderrei-
    sen);

O   relativ teuer im Vergleich zu den direkten Wettbewerbern;

O   fehlendes Instrumentarium für Direktmarketing.

Diese Zusammenfassung der Rahmenbedingungen ist Ausgangspunkt der Identifika-
tion strategischer Erfolgspositionen. Strategische Erfolgspositionen sind Fähigkeiten,
die es dem Unternehmen erlauben, auch längerfristig im Vergleich zu Konkurrenten
überdurchschnittliche Ergebnisse zu erzielen. Die Frage ist nur: Wie erkennt man
solche Erfolgspositionen?

Das Aufspüren besonderer Fähigkeiten im Unternehmen erfordert eine gehörige Por-
tion Kreativität und eine visionäre, langfristige Perspektive, denn in den dicht besetz-
ten touristischen Märkten von heute wird es immer seltener, dass sich Erfolgspositionen unmittelbar aus der Unternehmensanalyse ergeben. Dennoch kann man die Suche
systematisieren. Sie können sich an den beiden folgenden Leitfragen orientieren:

-   Wo schlummern im Unternehmen Fähigkeiten, die ausgebaut werden können?
-   Sind Stärken im Ansatz erkennbar, die weiterentwickelt werden können, um be-
    reits erkennbare, zukünftige Nachfragetrends zu nutzen?

Strategische Erfolgspositionen können in den drei Bereichen liegen:

-   im Bereich der Produktangebote und Dienstleistungen,
-   im Bereich der Marktsegmentierung und
-   im Bereich der Unternehmensfunktionen.

Eine strategische Erfolgsposition im Rahmen der Produktangebote und Dienstleistungen ist die Fähigkeit, Kundenbedürfnisse rascher und besser als die Konkurrenten zu
erkennen, und damit die Angebote und Dienstleistungen schneller den Marktbedürf-
nissen anpassen zu können.

Beispiele

- Ein Reiseveranstalter hat früh den Trend zu Sportreisen erkannt und bietet spezielle Reisen für Tennis- und Golfspieler, für Bergsteiger, Drachenflieger und Wildwassersportler an.
- Ein Reisebüro stellt fest, dass seine Kundschaft Interesse hat an Veranstaltungen, auf denen seltener bereiste Länder vorgestellt werden. Einmal im Monat lädt das Reisebüro seine Kunden deshalb zu solchen Informationsabenden ein. Das nächste Mal wird Quebec (Kanada) vorgestellt.

In den Bereich der Produktangebote und Dienstleistungen fällt außerdem die Fähigkeit, eine hervorragende Kundenberatung und einen überlegenen Kundenservice zu bieten.

Im Rahmen der **Marktsegmentierung** liegen strategische Erfolgspositionen in den Fähigkeiten, eine bestimmte Abnehmergruppe gezielter und wirkungsvoller als die Konkurrenten zu bearbeiten, sich bei den Nachfragern über Spezialkenntnisse zu profilieren sowie in der Fähigkeit, ein Image aufzubauen, das dem anderer Anbieter überlegen ist.

Beispiele

- Ein Anbieter von Seereisen spricht mit seinen hochwertigen Produkten Gruppen mit höherer Kaufkraft an.
- Ein Reisebüro hat sich auf die Vermittlung von Reisen für Behinderte spezialisiert und kann dieser Nachfragergruppe ein breites Angebot vorlegen.
- Die Produkte eines Reiseveranstalters werden in der Öffentlichkeit als qualitativ hochwertig angesehen; seine Reisen werden in zahlreichen Presseberichten gelobt.

Im Rahmen der **Unternehmensfunktionen** sind folgende strategische Erfolgspositionen wichtig:

- die Fähigkeit, bestimmte Distributionskanäle besser zu erschließen als andere,

Beispiele

- Ein Reiseveranstalter beschreitet einen neuen Absatzweg, indem er mit einem Versandwarenhaus kooperiert.
- Frau K., eine gute Kundin des Reisebüros BESONDERS REISEN, erhält einen Telefonanruf: Die Beraterin, bei der Frau K. ihre Reisen meist bucht, hat ein kurzfristiges Angebot hereinbekommen, von dem die annimmt, dass sich Frau K. dafür interessieren könnte (Telefonmarketing).

- die Fähigkeit, überlegene Beschaffungsquellen zu erschließen und zu sichern und somit Reisen effizienter und kostengünstiger als die Konkurrenten anzubieten. Mit dieser Fähigkeit können sich vor allem Reiseveranstalter qualifizieren; Reisemittler unterliegen bei Pauschalreisen (noch) der Preisbindung,

---

Beispiel

Ein Großveranstalter zeichnet sich gegenüber seinen Konkurrenten dadurch aus, dass er günstigere Preise mit den Leistungsträgern aushandeln kann.

- die Fähigkeit, bestqualifizierte Mitarbeiter zu rekrutieren, zu motivieren und langfristig an das Unternehmen zu binden.

Beispiel

Ein Reisemittler ist stolz auf die geringe Fluktuation seiner Mitarbeiter(innen). Die meisten haben in diesem Reisebüro bereits ihre Ausbildung gemacht und sind danach dort geblieben, weil die Arbeitszeiten flexibel sind, die Bezahlung sehr gut und das Arbeitsklima angenehm und kollegial ist.

Wichtige Erkenntnisse

▪ Die Analyse der Unternehmenssituation beruht auf den Daten des internen, des externen und des erweiterten externen Datenkranzes. Diese Daten geben die natürlichen und gesellschaftlichen sowie die unmittelbar aufgabenbezogenen Rahmenbedingungen von Touristikunternehmen wieder.

▪ Strategische Erfolgspositionen sind besondere Fähigkeiten eines Unternehmens, die zu einem Wettbewerbsvorsprung gegenüber den Konkurrenten führen. Sie können im Bereich der Produktangebote und Dienstleistungen, im Bereich der Marktsegmentierung und im Bereich der Unternehmensfunktionen liegen.

6.3   Bausteine des strategischen Managements

Nach der Analyse der Unternehmenssituation müssen im nächsten Schritt die strategischen Bausteine ausgewählt werden, mit deren Hilfe die Unternehmensziele erreicht werden sollen. Dazu müssen Entscheidungen in vier strategischen Bereichen getroffen werden, nämlich in den Bereichen:

- Marktfeldstrategie,
- Marktimpulsstrategie,
- Marktsegmentierungsstrategie und
- Marktgebietsstrategie.

Im Rahmen der **Marktfeldstrategie** wird über die Produkt-Markt-Kombination entschieden. Die Frage lautet: „Mit welchem Produkt oder Angebot bedienen wir welchen Markt, welche Marktfelder?"

Die **Marktimpulsstrategie** entscheidet darüber, *wie* der Markt bearbeitet, d. h. wie der Markt stimuliert werden soll.

Unter den Gesichtspunkt der **Marktsegmentierungsstrategie** fällt die Frage, wie *differenziert* der Markt bearbeitet werden soll.

Schließlich muss auch entschieden werden, welches Marktgebiet bearbeitet werden soll und wie es sich geographisch abgrenzen lässt. Dies wird im Rahmen der **Marktgebietsstrategie** festgelegt.

6.3.1   Marktfeldstrategien

Die Entscheidung für Produkte und Märkte, d. h. die Wahl der Marktfeldstrategie, steht meist am Anfang der Entwicklung eines Strategieprofils. In Anlehnung an Ansoff werden vier Möglichkeiten der Markttätigkeiten unterschieden, die für gegenwärtige und neue Produkte zur Verfügung stehen: Marktdurchdringung, Marktentwicklung, Produktentwicklung und Diversifikation.

		Produkte (Reisen)	
		alt	neu
Märkte (Zielgruppen)	alt	Marktdurchdringung	Produktentwicklung
	neu	Marktentwicklung	Diversifikation

Abb.6.1:   Marktfeldstrategien

▪ **Marktdurchdringung**

Die Marktdurchdringung setzt bei gegenwärtigen Produkten in gegenwärtigen Absatzmärkten an. Für Reiseveranstalter und Reisemittler heißt das, dass sie zuerst prüfen, ob das Potential im bestehenden Markt ausgeschöpft ist, bevor sie neue Märkte erschließen oder ggf. neue Produkte entwickeln.

Zu einer besseren Ausschöpfung bestehender Märkte kommt es, wenn bisherige Einmalkunden Stammkunden werden und wenn bisherige Nichtkunden als Kunden gewonnen werden können. In beiden Fällen ist eine intensive Bearbeitung des bestehenden Marktes Voraussetzung. In der Regel geschieht dies durch verstärkten Einsatz der

Kommunikationsinstrumente Werbung und Verkaufsförderung und/oder durch eine Ausweitung der Distribution.

Beispiele

○ Ein Reisebüro spricht potentielle Neukunden an durch Anzeigen in der lokalen Presse und durch Werbespots, die von einem regionalen Radiosender ausgestrahlt werden.

○ Ein Reiseveranstalter, der sich auf hochwertige Pauschalreisen spezialisiert hat, baut sein Direktmarketing stark aus. Er erreicht dadurch eine intensivere Kundenbindung und kann die Zahl seiner Stammkunden deutlich erhöhen.

○ Ein Veranstalter, der mit seinen Reisen in einer bestimmten Region den Massenmarkt anspricht, überzeugt eine regionale Reisebürokette durch das gute Preis-Leistungs-Verhältnis seines Programms und wird in ihr Sortiment aufgenommen. Damit verdoppelt sich die Zahl der Buchungsstellen des Veranstalters und die Chancen steigen wesentlich, dass sein Katalog Reisebürokunden aktiv angeboten wird.

■ Marktentwicklung

Marktentwicklung ist dann gegeben, wenn mit gegenwärtigen Produkten neue Märkte erschlossen werden. Reiseveranstaltern und Reisemittlern stehen zwei Varianten offen. Erstens können sie ihre Produkte in einer Region anbieten, in der sie bisher nicht aktiv waren. Zweitens können sie bestimmte Zielgruppen gewinnen, die sie bisher nicht angesprochen haben.

Beispiele

○ Ein Spezialist für Reisen in die Türkei bearbeitete bisher nur den Berliner Markt. Zur Erschließung weiterer regionaler Märkte eröffnet er Niederlassungen in München und Düsseldorf.

○ Ein Reiseveranstalter verkaufte bislang ausschließlich hochwertige Pauschalreisen an Privatkunden. Nun beschließt der Veranstalter, diese Angebote auch als Incentive-Reisen für Unternehmen anzubieten. Dadurch sichert er sich einen neuen Kundenkreis.

○ Eine stark expandierende Reisebürokette, die ursprünglich vor allem im Raum Köln tätig war, eröffnet Filialen im Großraum Stuttgart.

○ Um speziell junge Leute anzusprechen, richtet ein Reisebüro eine Verkaufsstelle in der Mensa der Universität ein.

■ Produktentwicklung

Die Produktentwicklung bezieht sich auf gegenwärtige Märkte und neue Produkte, d.h. für bereits bestehende, bearbeitete Märkte werden neue Produkte entwickelt. Die Produktentwicklung liegt dann nahe, wenn die Konkurrenten innovative Produkte auf den Markt bringen oder wenn ein Preisverfall für bisherige Angebote einsetzt.

Reiseangebote, die die Produktpalette seit einiger Zeit bereichern, sind die Angebote an Cluburlauber, auf einem Großsegler mitzufahren, Studienreisen per Rad oder zu Fuß (Wanderstudienreise) zu unternehmen oder Themenstudienreisen (z.B. Themen „Film und Foto", „Kunst und Küche"). Auch das Erschließen neuer Zielgebiete fällt darunter.

Im Bereich der Reisevermittlung ist das Spektrum noch schmaler. Dem Bereich Produktentwicklung könnte man zum Beispiel die Ausdehnung von Serviceleistungen durch Reisebüros zuordnen.

Beispiel

Ein Reisebüro stattet bei höherwertigen Reisen die Kunden mit ungewöhnlichen Reiseunterlagen aus: Landkarten, Reiseführer, Restaurantverzeichnisse usw.

■ Diversifikation

Ebenfalls zu den Marktfeldstrategien zu rechnen ist die Diversifikation. Diese wurde im ersten Kapitel bereits angesprochen, als festgestellt wurde, dass die Trennung der Leistungsebenen in der Touristik unvollkommen ist: teilweise übernehmen Akteure Funktionen, die traditionell auf einer anderen Leistungsebene angesiedelt sind.

Beispiele

O Ein Reiseveranstalter kauft eine Zielgebietsagentur auf und führt nun Transfers und Ausflüge vor Ort in eigener Regie durch.

O Ein Reisebüro bietet seinen Kunden eigenveranstaltete Reisen an.

Diese Beispiele illustrieren jedoch nur eine Form der Diversifikation, die vertikale Diversifikation. **Vertikale Diversifikation** bedeutet, dass der Reiseveranstalter Teilleistungen übernimmt, die seinem eigentlichen Beitrag zum Gesamtleistungspaket Pauschalreise vor- oder nachgelagert sind. Werden Leistungen übernommen, die der eigentlichen Unternehmensleistung vorgelagert sind, spricht man von Rückwärtsintegration, im umgekehrten Fall von Vorwärtsintegration.

Diese Verwendung der Begriffe Vorwärts- bzw. Rückwärtsintegration ist auf den ersten Blick widersprüchlich. Sie erklärt sich daraus, dass für die Zuordnung von vorwärts bzw. rückwärts nicht von den Leistungen ausgegangen wird, die Bestandteil des Gesamtprodukts sind, sondern von der Position des diversifizierenden Unternehmens in Relation zu anderen Leistungserbringern, also in der Makrokette der Branchenwertschöpfung.

In den Augen der Reiseveranstalter sprechen vor allem zwei Gründe für die vertikale Diversifikation. Erstens argumentieren sie, dass sie ihre Kunden fester an sich binden können, wenn touristische Einzelleistungen (z.B. Ausflüge, Reiseleitung) nicht von bezahlten Leistungsträgern erbracht werden, sondern von eigenen, hochmotivierten

Mitarbeitern. Ein zweiter positiver Effekt der vertikalen Diversifikation besteht darin, dass der Veranstalter auf Beschaffungs- und Absatzmärkten nicht in Konkurrenz zu anderen Anbietern steht. Schließlich besteht die Hoffnung auf höhere Gesamtrenditen.

Beispiele

- Ein Reiseveranstalter kauft Hotels in den Zielgebieten auf und kann dadurch seinen Bedarf an Übernachtungskapazitäten dort (zumindest teilweise) aus eigener Quelle decken.
- Um sich auf der Reisemittlerstufe eine bessere Position zu verschaffen, zieht ein großer Reiseveranstalter ein eigenes Franchisesystem auf.

Auch Reisemittler können vertikale Diversifikation betreiben. Insbesondere bietet es sich für sie an, nicht nur Reisen zu verkaufen, sondern auch selbst zu veranstalten. Für eine solche Ausweitung der Geschäftstätigkeit sprechen kurzfristige, finanzielle Gründe, aber auch der Blick in die Zukunft.

Zur Erläuterung: Ein erstes Argument für Eigenveranstaltungen besteht darin, dass man damit in der Regel mehr verdienen kann als mit der Reisemittlerprovision. Außerdem befürchten manche Reisemittler, dass die Reiseveranstalter in Zukunft verstärkt versuchen werden, ihre Kunden zu Direktbuchungen anzuregen und die Reisebüros zu übergehen.

In der Touristik kennt man jedoch nicht nur die vertikale Diversifikation, sondern auch die horizontale Diversifikation. **Horizontale Diversifikation** heißt, dass die Ausdehnung der Geschäftstätigkeit im Kerngeschäft des Unternehmens erfolgt.

Beispiele

- Ein Reiseveranstalter, der bisher nur Flugpauschalreisen angeboten hat, führt nun auch Kreuzfahrten durch. Außerdem entwickelt er ein besonderes Programm für junge Leute.
- Ein Reisebüro, das bislang nur Pauschalreisen vermittelt hat, beantragt eine IATA- und eine Bahnlizenz.

Es lässt sich feststellen: Auch die horizontale Diversifikation führt dazu, dass Reiseveranstalter und Reisemittler neue Produkte auf neuen Märkten anbieten können.

Eine dritte Variante ist die **laterale Diversifikation**, bei der das Touristikunternehmen in branchenfremde Bereiche expandieren würde.

Beispiele

- Ein Reisebüro, das sich v.a. auf exotische Fernreisen spezialisiert hat, eröffnet in seinen Räumlichkeiten zusätzlich eine Cocktail-Bar.
- Die TUI engagiert sich mit Hapag Lloyd auch in der Container-Schifffahrt.

6.3.2 Marktimpulsstrategien

Ist die Frage geklärt, welche Produkt-Markt-Kombination gewählt wird, muss entschieden werden, auf welche Weise diese Märkte beeinflusst werden, d. h. welche Impulse gesetzt werden sollen, um die Marketingziele zu erreichen. Die beiden wichtigsten Impulse, mit denen Touristikunternehmen auf den Markt einwirken können, sind die Qualität und der Preis des Produkts. Das heißt, Reiseveranstalter und Reisemittler müssen sich entscheiden, ob sie sich in den Augen der Verbraucher dadurch auszeichnen wollen, dass sie Leistungen anbieten, die denen der Konkurrenten qualitativ überlegen sind, oder dadurch, dass sie vergleichbare Leistungen konkurrenzlos günstig anbieten. Im ersten Fall entscheidet sich das Unternehmen für die so genannte Präferenz- oder Qualitätsstrategie, im zweiten Fall für die Preis-Mengen- oder Standardangebotsstrategie.

Mittel- bis langfristig wird nach Ansicht vieler Fachleute die Preisbindung jedoch fallen, nachdem die Vertriebsbindung bereits zum Touristikjahr 1994/95 aufgehoben wurde. Sind die Reisebüros eines Tages nicht mehr an die Katalogpreise gebunden, werden sie sich voraussichtlich auch zwischen der Standardangebotsstrategie und der Qualitätsstrategie entscheiden müssen. Für Reiseveranstalter ist der Druck, sich für eine der beiden Marktimpulsstrategien entscheiden zu müssen, bereits heute Realität.

Zum Nachdenken:

Wenn Sie kurz über die letzten beiden Sätze nachdenken, erkennen Sie, welches Problem sich für Reisebüros ergibt: Eine Profilierung über den Preis ist Reisemittlern solange verwehrt, wie es die Preisbindung gibt. Die Preisbindung führt dazu, dass eine bestimmte Reise eines Veranstalters in allen Reisebüros dasselbe kostet – zumindest offiziell ...;-).

Entscheidet sich ein Reiseveranstalter für die **Qualitätsstrategie**, muss er in seiner Zielgruppe, d. h. bei den potentiellen Käufern einer hochwertigen Reise, echte Präferenzen für das Produkt aufbauen und verankern. Präferenzen entstehen, wenn die Verbraucher außer dem Grundnutzen (Beförderung, Transfer, Unterkunft und Verpflegung) auch einen Zusatznutzen aus dem Produkt ziehen. Dieser Zusatznutzen kann sowohl objektiv als auch subjektiv sein. Objektive Zusatznutzen sind beispielsweise Serviceleistungen wie individueller Taxitransfer statt Bustransfer, Begrüßungscocktail, Give aways usw., d. h. Leistungen, die andere Reisende nicht erhalten.

Als subjektiver Zusatznutzen ist insbesondere der Prestigenutzen wichtig. Damit die Kunden stolz darauf sein können, mit einem bestimmten Veranstalter zu reisen, muss der Veranstalter bzw. die Marke, unter der er seine Qualitätsreisen verkauft, in der Öffentlichkeit ein bestimmtes Image haben. Ein solches Markenimage wird beispielsweise durch Werbeslogans vermittelt.

Wählt ein Reiseveranstalter die **Standardangebotsstrategie**, ist das entscheidende Instrument der Marktbeeinflussung der Preis. Da bei einem niedrigen Preis nur geringe Budgets für die Ausgestaltung des Angebots eingesetzt werden können, sind die einzelnen Produkte weitgehend austauschbar. Weil weitgehende Austauschbarkeit der Produkte dazu führt, dass es den Kunden egal ist, ob sie bei dem einen oder bei einem anderen Veranstalter buchen, verlangt die Standardangebotsstrategie nach besonderem Kostenbewusstsein nicht nur beim Einkauf der touristischen Leistungen, sondern in allen Bereichen des Unternehmens. Nur so kann der Veranstalter seine Reisen tatsächlich preiswerter anbieten als alle (oder zumindest die meisten) Konkurrenten.

6.3.3 Marktsegmentierungsstrategien

Ein dritter Baustein des strategischen Managements in der Touristik ist die Wahl der Marktsegmentierungsstrategie.

Bei der Wahl der Marktsegmentierungsstrategie geht es um die Frage, wie differenziert der Markt bearbeitet werden soll. Prinzipiell stehen Touristikunternehmen zwei Möglichkeiten offen: Sie können den Gesamtmarkt bearbeiten, oder einzelne, exakt definierte Teilmärkte, dies in Form von undifferenzierter Marktbearbeitung bzw. Massenmarketing einerseits und differenzierter Marktbearbeitung bzw. Marktsegmentierung andererseits.

		Qualität der Marktbearbeitung	
		undifferenziert	differenziert
Quantität der Marktbearbeitung	Gesamtmarkt	Massenmarkt	Marktsegmentierung
	Teilmarkt		

Abb.6.2:   *Marktbearbeitung*

▥ Undifferenzierte Marktbearbeitung/Massenmarketing

Undifferenzierte Marktbearbeitung heißt, dass ohne Rücksicht auf besondere Unterscheidungsmerkmale breite Bevölkerungsschichten angesprochen werden.

> ## Beispiele
>
> O Ein Großveranstalter wirbt für seinen neuen Sommerkatalog im Fernsehen.
> O Eine Reisebürokette startet eine Anzeigenkampagne in den auflagenstärksten Tageszeitungen Deutschlands.

Aufgrund der hohen Streuverluste und der fehlenden spezifischen Bedürfnisorientierung wird diese Form der Marktbearbeitung heute kaum mehr genutzt.

▦ Differenzierte Marktbearbeitung/Marktsegmentierung

Für viele Anbieter, insbesondere für ungebundene Reisebüros und für mittlere und kleinere Veranstalter, ist es häufig sinnvoll, nicht den Gesamtmarkt anzusprechen, sondern ihre Absatzanstrengungen auf solche Bevölkerungsgruppen zu konzentrieren, die tatsächlich einen Bedarf für das spezielle, angebotene Produkt haben bzw. bei denen der Anbieter einen solchen Bedarf vermutet. Dabei ist es die Aufgabe der Marktsegmentierung, Merkmale zu identifizieren, die zu einem bestimmten Bedarf führen. Die so eingegrenzten, potentiellen Nachfragergruppen können dann in einem nächsten Schritt mit Hilfe eines speziellen Marketing-Mix bearbeitet werden.

Es gibt verschiedene Kriterien, nach denen man Märkte segmentieren kann. Weil man Menschen ihre Einstellungen, Urlaubsmotive oder ihr Wahrnehmungsverhalten nur selten ansieht und es außerdem sein kann, dass dieselben Kunden einmal eine Luxuskreuzfahrt, ein anderes Mal jedoch ein günstiges „Schnäppchen" buchen, bietet sich für Reiseveranstalter und Reisebüros insbesondere die **lebensphasenorientierte Marktsegmentierung** an. Die Lebensphase, in der man sich befindet, wird im Wesentlichen durch drei Kriterien bestimmt: durch Alter, Familienstand und finanzielle Situation (Einkommen, Vermögen). Basierend auf diesen drei Kriterien können zehn bzw. elf Zielgruppen voneinander abgegrenzt werden:

Idealtypische Entwicklung eines Menschen durch die einzelnen touristischen Zielgruppenphasen; rein horizontale Veränderungen in einer Lebensphase (z.B. Paar, das wieder zu zwei Singles wird; Familie, aus der Single mit Kind entsteht) sind nicht berücksichtigt.

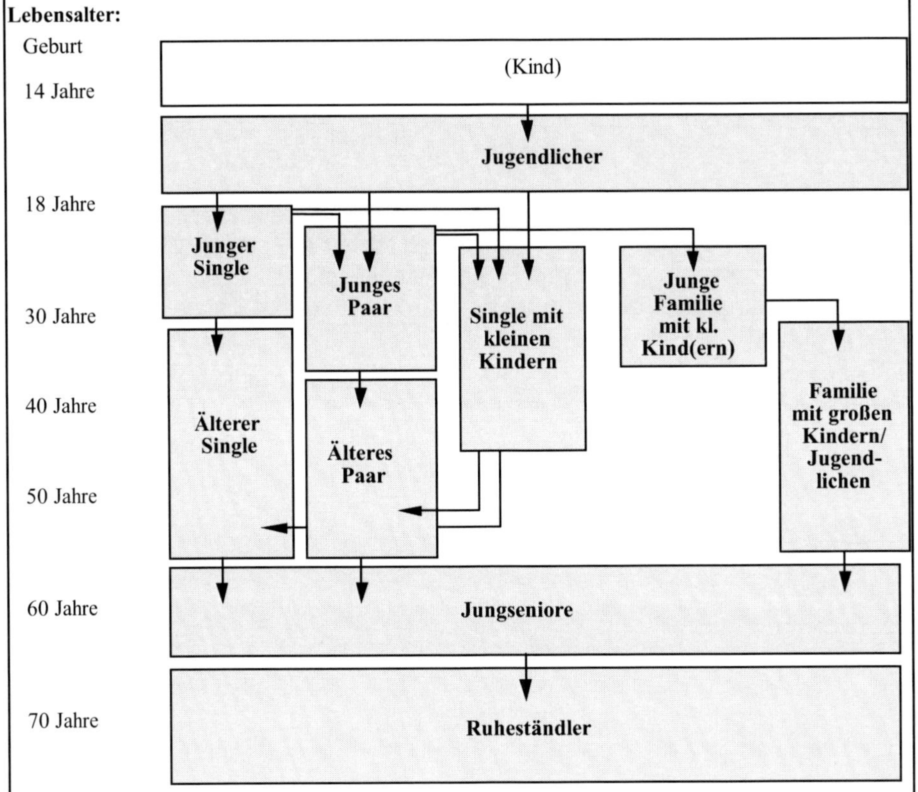

Lebensalter:

Lebensalter	
Geburt	
14 Jahre	(Kind)
	Jugendlicher
18 Jahre	
30 Jahre	Junger Single / Junges Paar / Single mit kleinen Kindern / Junge Familie mit kl. Kind(ern)
40 Jahre	Älterer Single / Älteres Paar / Familie mit großen Kindern/Jugendlichen
50 Jahre	
60 Jahre	Jungseniore
70 Jahre	Ruheständler

Abb.6.3: *Lebensphasenorientierte Zielgruppenbildung im Tourismus*

Die Abbildung zeigt elf Kästchen. Da Kinder unter 14 Jahren im Tourismus jedoch nicht als eigenes Marktsegment definiert und bearbeitet werden, sind sie keine „echte" Zielgruppe. Wichtig sind deshalb eigentlich nur die zehn hervorgehobenen Zielgruppen.

Die lebensphasenorientierte Zielgruppendefinition hat folgende Vorteile:

- Die lebensphasenorientierte Marktsegmentierung berücksichtigt das *soziale Alter* eines Menschen. Das soziale Alter ist wichtig, weil mit einer bestimmten Lebensphase spezifische familiäre, berufliche, finanzielle und gesundheitliche Merkmale verbunden sind, die wiederum Auswirkungen auf die Urlaubsgestaltung haben.

- Die lebensphasenorientierte Marktsegmentierung knüpft an die Zusammensetzung der Gruppe an, die eine gemeinsame Reise plant und unternimmt. Man bezeichnet eine solche Gruppe auch als *Reisepartie*.

- Eine Betrachtung der Reisepartie ist der reinen Berücksichtigung des Familienstandes und der Haushaltsgröße überlegen, weil zum Beispiel nicht alle Mitglieder einer Familie zusammen Urlaub machen müssen. Ob aber die ganze Familie verreist, die heranwachsenden Kinder allein Urlaub machen oder nur die Eltern wegfahren, hat elementare Auswirkungen auf die Reiseentscheidung.

- Die lebensphasenorientierte Marktsegmentierung ist in der Praxis relativ *leicht anwendbar*, weil Reiseberater die Lebensphase relativ gut abschätzen bzw. erfragen können.

- Die lebensphasenorientierte Marktsegmentierung ermöglicht eine *dynamische Ansprache der Zielgruppen*. Das heißt, wenn sich die Anforderungen einmal gewonnener Kunden beim Durchschreiten verschiedener Lebensphasen verändern, können sich Reiseveranstalter und Reisemittler darauf einstellen, indem sie Reiseangebote konzipieren und den Kunden vorlegen, die speziell auf dieses Segment zugeschnitten sind.

- Schließlich liegt ein letzter Vorteil der lebensphasenorientierten Marktsegmentierung darin, dass sie im touristischen Bereich – momentan noch – selten eingesetzt wird. Mit der lebensphasenorientierten Marktsegmentierung können sich Reiseveranstalter und Reisebüros deshalb klar von Konkurrenten abheben.

6.3.4   Marktgebietsstrategien

Ein letzter Baustein rundet unseren Überblick über das strategische Marketing-Management in der Touristik ab: die Marktgebietsstrategien.

In der Praxis kommt es immer wieder vor, dass Unternehmen zwar festlegen, welche Marktfelder sie bearbeiten wollen, auch wie sie diese Felder bearbeiten und segmentieren, aber keine langfristige Entscheidung darüber treffen, in welcher Region, d. h. in welchen Gebieten sie sich engagieren wollen. Oft beginnen Reiseveranstalter und Reisebüros sogar erst damit, über neue Märkte nachzudenken, wenn die, auf denen sie bisher tätig waren, fast ausgeschöpft sind.

Grundsätzlich können sich Touristikunternehmen – genau wie Betriebe anderer Branchen – auf den lokalen bzw. regionalen Markt beschränken, auf nationaler Ebene oder im internationalen Geschäft tätig werden. Die zur Verfügung stehenden finanziellen Ressourcen spielen bei der räumlichen Expansion natürlich eine entscheidende Rolle.

Beispiele

- O Ein Busreiseveranstalter bietet Tages-, Mehrtages- und Urlaubsreisen an. Sein Programm ist, bedingt durch die Einstiegsorte, in einem Umkreis von ca. 50 km buchbar.
- O Einer Reisebürokooperation sind 670 Reisebüros im ganzen Bundesgebiet angeschlossen.
- O Ein Reiseveranstalter bietet seine Produkte nicht nur in Deutschland, sondern auch in mehreren europäischen Nachbarländern an.

Wichtige Erkenntnisse

- Mit der *Marktfeldstrategie* legen Reiseveranstalter und Reisemittler die Produkt-Markt-Kombination fest. Es gibt insgesamt vier Möglichkeiten:
    - Absatz gegenwärtiger Produkte in gegenwärtigen Märkten (Marktdurchdringungsstrategie),
    - Erschließung neuer Märkte mit gegenwärtigen Produkten (Marktentwicklungsstrategie),
    - Entwicklung neuer Produkte für gegenwärtige Märkte (Produktentwicklungsstrategie),
    - Angebot neuer Produkte auf neuen Märkten (Diversifikation).
- Die Wahl der Marktimpulsstrategie betrifft (noch) vor allem Reiseveranstalter. Am hart umkämpften Pauschalreisemarkt müssen sie sich zwischen der *Qualitätsstrategie* (= Präferenzstrategie) und der *Standardangebotsstrategie* (= Preis-Mengen-Strategie) entscheiden. Der Marktimpuls geht also entweder von der überdurchschnittlichen Qualität und dem damit verbundenen Zusatznutzen aus, oder vom konkurrenzlos günstigen Preis.
- Für viele Touristikunternehmen ist eine undifferenzierte Marktbearbeitung nicht empfehlenswert, weil die Streuverluste zu hoch sind. Wirksamer ist eine differenzierte Marktbearbeitung, insbesondere die lebensphasenorientierte Marktsegmentierung.
- Im Rahmen der *Marktgebietsstrategie* fällt bei Reiseveranstaltern und Reisemittlern die Entscheidung, wie der Markt, auf dem sie sich engagieren, regional abgegrenzt werden kann. Die Marktgebietsstrategie muss vor allem dann angepasst werden, wenn die Märkte größer oder kleiner werden.

6.4 Strategieprofil

In Abhängigkeit von den Unternehmenszielen und von der spezifischen Situation, in der sich das Unternehmen befindet, entscheiden Reiseveranstalter und Reisemittler in einem nächsten Schritt, wie sie die Bausteine des strategischen Managements einsetzen wollen. Das heißt, sie müssen auf jeder der vier strategischen Ebenen (Marktfeldstrategie, Marktimpulsstrategie, Marktsegmentierungsstrategie und Marktgebietsstrategie) eine Entscheidung treffen.

Der Entscheidungsprozess muss übrigens nicht zwingend bei der Auswahl der Marktfelder beginnen. Es ist durchaus denkbar, dass die Entscheidung zwischen Qualitäts- und Standardangebotsstrategie am Anfang der Überlegungen steht. Wichtig ist jedoch, dass in allen vier Dimensionen mittel- bis langfristige Festlegungen erfolgen und dass diese zueinander „passen".

Durch die Entscheidung für die einzelnen strategischen Bausteine entsteht das Strategieprofil des Unternehmens. Am Beispiel zweier mittelständischer Reiseveranstalter werden nun zwei typische Strategieprofile vorgestellt.

Reiseveranstalter A betreibt auf der Ebene der Marktfeldstrategien die **Marktentwicklungsstrategie**, d. h. er will mit vorhandenen Produkten neue Märkte erschließen. Das entscheidende Argument, mit dem er die Verbraucher überzeugen möchte, der Marktimpuls, ist der günstige Preis der Reisen. Ein niedriger Reisepreis kann nur verwirklicht werden, wenn es sich bei den Reisen um Standardangebote handelt. Da sie an breite Bevölkerungsschichten abgesetzt werden sollen, entscheidet Veranstalter A auf der Ebene der Marktsegmentierungsstrategie für eine undifferenzierte Marktbearbeitung, für das Massenmarketing. Allerdings hat er sein Marktgebiet beschränkt: er ist nur auf einem regionalen Markt tätig.

Im Unterschied zu A entscheidet sich *Reiseveranstalter B* für die **Produktentwicklungsstrategie**, d. h. er bietet neuartige Produkte auf bekannten Märkten an. Bei diesen Produkten handelt es sich um qualitativ hochwertige Reisen. Veranstalter B wählt bei den Marktimpulsstrategien die Qualitätsstrategie. Qualitätsprodukte verlangen auf der Ebene der Marktsegmentierungsstrategie nach einer differenzierten Marktbearbeitung, d. h. nach Marktsegmentierung. Das Marktgebiet wählt Veranstalter B größer als Veranstalter A: er verfolgt eine nationale Strategie.

Wichtige Erkenntnisse

- Das Strategieprofil eines Unternehmens ergibt sich dadurch, dass aufeinander abgestimmte Entscheidungen hinsichtlich Marktfeld-, Marktimpuls-, Marktsegmentierungs- und Marktgebietsstrategie gefällt werden.

6.5   Marketing-Mix

Im Anschluss an die Festlegung des Strategieprofils müssen Reiseveranstalter und Reisemittler in einem nächsten Schritt die Instrumente auswählen und kombinieren, die in der gegebenen Situation für das Erreichen der Unternehmensziele geeignet erscheinen. Man kann folgende Instrumente des Marketing-Mix unterscheiden:

- Produkt-/Leistungspolitik,
- Entgeltpolitik (Preise, Konditionen, Reisebüroprovisionen),
- Distributionspolitik (Vertriebswege) und
- Kommunikationspolitik (Kataloggestaltung, Werbung, Internetauftritt, PR etc.).

Eine ausführliche Darlegung, wie Reiseveranstalter und Reisemittler bei der Gestaltung ihres Marketing-Mix vorgehen, welche Grundsätze dabei zu beachten sind und welche strategische Entscheidungen welche Konsequenzen auf der operativen Ebene, d. h. bei der konkreten Auswahl und Kombination der Marketinginstrumente, nach sich ziehen, würde den Rahmen dieses Buches sprengen. Im Folgenden Kapitel wird daher exemplarisch auf zwei sehr spezielle Aspekte des operativen Managements der Reiseveranstalter und Reisemittler eingegangen.

Wichtige Erkenntnisse

- Der Marketing-Mix setzt sich aus Produktpolitik, Entgeltpolitik, Kommunikationspolitik und Distributionspolitik zusammen. Dabei werden verschiedene Instrumente kombiniert, die zusammen der Erreichung des Unternehmensziels dienen.

Vertiefungsfragen

? Zwischen unterschiedlichen Zielen eines Unternehmens kann Zielkomplementarität, Zielkonkurrenz oder Zielindifferenz bestehen. Erläutern Sie, inwiefern zwischen dem Ziel „Umweltschutz" und dem Ziel „wirtschaftlicher Erfolg" der TUI-Unternehmensgrundsätze ein Zielkonflikt bestehen könnte.

? Sie haben oben gesehen, welche Informationen Sie als Grundlage der Analyse der Unternehmenssituation benötigen. Nennen Sie einige Quellen, aus denen Sie diese Informationen beziehen können.

? Wie schätzen Sie die vier Marktdurchdringungsstrategien in Hinblick auf Wachstumschancen und auf Risiken ein?

? Interpretieren Sie den (früheren) Werbeslogan „Neckermann macht's möglich". Was sagt er über die Marktimpulsstrategie des Reiseveranstalters aus?

? Können Sie sich vorstellen, welches Risiko ein Reiseveranstalter eingeht, der sich für die Qualitätsstrategie entscheidet?

? Welchen Anforderungen muss eine Marktsegmentierung genügen, damit Touristikunternehmen tatsächlich zielgruppenorientiert arbeiten können?

? Welche Kriterien der Zielgruppenauswahl kennen Sie?

? Wir haben hier betont, wie wichtig es ist, dass Unternehmen strategisches Management betreiben. In der Praxis lässt sich jedoch immer wieder feststellen, dass Reiseveranstalter und Reisemittler erfolgreich am Markt operieren, ohne dass bewusst Entscheidungen auf den vier strategischen Ebenen gefallen wären. Wie erklären Sie sich diesen Widerspruch?

Literaturhinweise

- Becker, Marketing-Konzeption: Grundlagen des strategischen und operativen Marketing-Managements, 8. Auflage, 2006.
- Kirstges, T., Expansionsstrategien im Tourismus, 3. Auflage, Wilhelmshaven 2005.

7 Aspekte des operativen Managements

Lernziele

Am Ende dieses Kapitels sollten Sie Folgendes können:

- preistheoretischen Modellen und deren Hintergrund kennen;
- einen Überblick über verschiedene Kalkulationsstrategien geben;
- verschiedene Aspekte der kostenorientierten Preisfindung kennen.

Komplexe Preisgestaltung für Reiseleistungen

Weitere Informationen, Fallbeispiele und Übungen unter
www.tourismus-grundlagen.de

7.1 Besonderheiten der Reisepreiskalkulation

7.1.1 Preistheoretische Modelle und ihre Relevanz für den Reiseveranstaltermarkt

Aus Kapitel 3.1.2. wissen Sie bereits: Modelle sind vereinfachte Abbilder der Realität. Sie dienen der Darstellung wesentlicher Strukturen und Zusammenhänge. Aus diesem Kapitel ist Ihnen das volkswirtschaftliche Modell der Marktformen bekannt, das einen ersten Blick auf die Problematik der Preisbildung erlaubt.

Reiseveranstalter, die in einem oligopolistischen Markt agieren, müssen – dies lehrt die mikroökonomische Theorie der Marktformen – sowohl die Nachfrage als auch die Konkurrenzsituation bei ihren Preisentscheidungen berücksichtigen. Insofern finden wir bereits hier eine Begründung für die Notwendigkeit einer (auch) konkurrenzorientierten Preisbildung. Die einfachen Marktmodelle der Volkswirtschaftslehre bauen auf einigen idealtheoretischen Prämissen auf:

Idealtheoretische Prämissen in der VWL

O Homogenität der Güter/vollkommene Gütersubstituierbarkeit,

O keine Nachfragerpräferenzen (persönlich, räumlich, zeitlich),

O vollkommene Markttransparenz,

O rationales Verhalten der Marktteilnehmer (homo oeconomicus),

O unendlich hohe Reaktionsgeschwindigkeit.

Wir finden hier also die Fiktion des vollkommenen Marktes vor; das Preis-Leistungs-Verhältnis wird nicht berücksichtigt, so dass das Marketing-Instrumentarium des Reiseveranstalters durch eine absolute Dominanz der Preispolitik geprägt ist.

Aufgrund dieser realitätsfernen Prämissen haben die volkswirtschaftlichen Modelle der Preisbildung nur einen sehr geringen Aussagewert für die konkrete unternehmerische Preisentscheidung. Letztlich müsste sich auf einem oligopolistischen Reiseveranstaltermarkt immer ein einheitlicher Preis ergeben - die Realität lehrt uns besseres. Es bleibt also festzuhalten, dass die unrealistischen Prämissen nicht den Anforderungen an realtheoretische Modelle entsprechen. Diese müssten die realen Voraussetzungen des unvollkommenen Marktes berücksichtigen:

Reale Voraussetzungen des unvollkommenen Marktes ◎

- qualitativ unterschiedliche Güter/Reiseleistungen,

- Nachfragerpräferenzen in persönlicher, räumlicher und/oder zeitlicher Hinsicht,

- eingeschränkte Markttransparenz für Reiseveranstalter, Reisemittler und Konsumenten,

- Reaktionsverzögerungen: Time-lag zwischen Analyse und Aktion,

- begrenzte Angebotskapazität pro Reiseveranstalter.

Die „Unvollkommenheit" des Marktes führt dazu, dass der Reiseveranstalter gewisse Preisspielräume hat. In einem bestimmten reaktionsarmen (sog. monopolistischen) Bereich mit niedriger (direkter) Preiselastizität kann er Preise erhöhen, ohne eine zu große Abwanderung von Kunden zu Konkurrenten befürchten zu müssen. Bereits Gutenberg hat dieses Phänomen in Form einer doppelt geknickten Preis-Absatz-Funktion vereinfacht dargestellt.

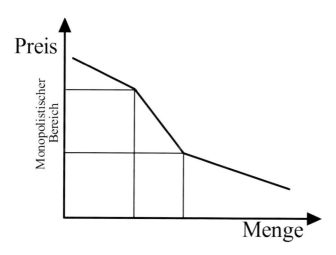

Abb. 7.1: *Doppelgeknickte Preis-Absatz-Funktion des Oligopolisten*
Quelle: in Anlehnung an Gutenberg

In bestimmten touristischen Teilmärkten, z.B. im Bereich der Ferienclub-Reisen, führen eine relativ große Markentreue sowie eine relativ geringe Markt-/Leistungstransparenz zu einem solchen reaktionsfreien Bereich.

Zweifelsohne bestehen große Unterschiede in der direkten Preiselastizität sowie in der Kreuzpreiselastizität je nach:

- Haushaltseinkommen der Nachfrager,
- zeitlicher Gebundenheit der Nachfrager (Ferienzeiten),
- Preiskenntnis/Informationsstand der Nachfrager,
- Konkurrenzsituation, etc..

In der Praxis stellt sich das Problem der Festlegung der Größe des monopolistischen Bereichs: Ab welchem Preisniveau sind umfangreiche Kundenabwanderungen zu befürchten? Bei der Beantwortung dieser Frage sind u.a. (psychologischen) Preisschwellen zu berücksichtigen, auf die weiter unten noch näher eingegangen wird.

7.1.2   Kalkulationsstrategien – ein Überblick

Kalkulation kann auf zweierlei Richtungen zielen: **Ex-ante** geht es um die Festlegung von Kundenendpreisen; **ex-post** hingegen im Sinne einer Nachkalkulation um Aspekte des Controllings. In den folgenden Ausführungen soll lediglich das erste Ziel der Kalkulation, nämlich Kundenendpreise zu „errechnen", verfolgt werden.

Die ex-ante-Kalkulation im engeren Sinne kann inhaltlich gleich gesetzt werden mit der Kostenträgerrechnung. Demnach sind in einem ersten Schritt die relevanten Kostenarten zu ermitteln, bevor die anfallenden Kosten in einem zweiten Schritt auf die Kostenträger (= touristische Produkte) verrechnet werden. Man unterscheidet hierzu grob die Varianten der Vollkostenrechnung sowie der Teilkostenrechnung (hier insbesondere die Deckungsbeitragsrechnung, speziell die auf Basis relativer Einzelkosten nach Riebel). Auf diese grundsätzlichen kostenrechnerischen Verfahren soll im Folgenden nicht näher eingegangen werden.

Im weiteren Sinne lässt sich unter einer (ex-ante-)Reisepreiskalkulation Folgendes fassen:

Definition Reisepreiskalkulation
Sämtliche Überlegungen, Planungen, Entscheidungen und Analysen, die dazu dienen, einen wettbewerbsfähigen Einzelreisepreis (Kundenendpreis) festzulegen bzw. diesen hinsichtlich seiner Markt- und Unternehmensadäquanz zu überprüfen.

In diesem ausreichend weitgefassten Sinne soll das Problem der Preiskalkulation durch Reiseveranstalter angegangen werden. Hierbei sind drei grundsätzliche Ansatzpunkte zu berücksichtigen, die den folgenden Ausführungen ihre Struktur geben sollen:

- Kostenorientierung,
- Konkurrenzorientierung,
- Nachfrageorientierung.

Eine zentrale Besonderheit der Reiseveranstalterkalkulation besteht in der starken Variationsbreite der kalkulierten Endpreise in Abhängigkeit von Zukunftserwartungen (z.B. hinsichtlich Auslastungsgraden). Auf diese Problematik wird noch ausführlicher eingegangen.

■ kostenorientierte Preisfindung

Ausgangspunkt und Informationsbasis der kostenorientierten Preisfindung bilden die Daten des Rechnungswesens (insbesondere der Kosten-Leistungs-Rechnung/KLR). Diese Quelle liefert z.B. die Kosten der touristischen Eigenleistungen oder die Gemeinkosten. Als zweite zentrale Informationsbasis dient der touristische Einkauf: Die abgeschlossenen Verträge über die von den verschiedenen Leistungsträgern zur Verfügung gestellten Grundleistungen enthalten auch die erforderlichen Informationen über die Kosten dieser Reisevorleistungen.

Folgendes Kalkulationsgrundschema kann für die Kundenendpreisberechnung (Preis pro Person bzw. Preis pro Angebotseinheit (z.B. Fewo)) angesetzt werden (vgl. Mundt 2000, Kalkulation einer Studienreise/Kreuzfahrt):

teilkosten-/deckungsbeitragsorientiertes Kalkulationsgrundschema	ⓘ
kalkulierte Aufwendungen (Einzelkosten) für Vorleistungen	
+ kalkulierte Eigenleistungen	
+ Kalkulationsaufschlag/geplanter Deckungsbeitrag	

= Kundenendpreis	

Der gemäß diesem Schema einkalkulierte Deckungsbeitrag muss zur Deckung sämtlicher Gemeinkosten (sowie der Reisemittlerprovision und der MwSt) ausreichen.

---

vollkostenorientiertes Kalkulationsgrundschema ⓘ

	kalkulierte Aufwendungen für Vorleistungen
+	kalkulierte Eigenleistungen
+	Vertriebskosten (Reisebüroprovisionen; sonstige)
+	Werbekosten (anteilige Kataloggemeinkosten; sonstige)
+	Kulanz-/Reklamationsaufwand
+	anteilige (Verwaltungs-)Gemeinkosten
+	kalkulatorischer Unternehmensgewinn
+	MwSt (Margenbesteuerung beachten!)

=	Kundenendpreis

Diese vollkostenorientierte Kalkulation wirft einige Probleme auf:

Probleme der vollkostenorientierten Kalkulation ◎

- ⭘ Ermittlung und Verteilung der anteiligen Gemeinkosten:

    - speziell bezüglich der Katalogkosten. Hier könnte der Seitenanteil eines einzelnen Angebots als Verteilungsschlüssel dienen.

    - bezüglich sonstiger Gemeinkosten. Hierbei handelt es sich um ein allgemeines betriebswirtschaftliches Problem der Festlegung verursachungsgerechter Kostenschlüssel. Da sich hier also keine tourismusspezifische Besonderheit zeigt, soll in der vorliegenden Arbeit auf eine Vertiefung verzichtet werden.

- ⭘ Die starre Vorgabe des von einem Produkt zu tragenden Gemeinkostenanteils schränkt den preispolitischen Spielraum des Veranstalters stark ein (z.B. keine Möglichkeit eines kalkulatorischen Ausgleichs).

Aufgrund dieser Nachteile soll hier einer Betrachtung der tourismusspezifischen Kostenbestandteile als Basis einer (deckungsbeitragsorientierten) Kalkulation den Vorzug gegeben werden. Ausgehend von den touristischen Grundleistungen lassen sich die einzelnen Kostenbestandteile eines Pauschalreiseangebots unterscheiden.

Folgendes Beispiel zeigt die Bedeutung einzelner Kostenbestandteile bei einem typischen Pauschalreiseangebot:

Aufwendungen für ...	Anteil am Umsatz	Anteil an den gesamten Aufwendungen für Vorleistungen
Beförderungsleistungen	34%	39,5%
Hotelleistungen	39%	45,8%
Transfer	2%	2,3%
Extras (Leihwagen, Bierfest, Begrüßungsbrandy, Ausflüge etc.)	2,2%	2,7%
sonstige (inkl. Reiseleitung)	8%	9,7%
gesamt	85,2%	100%

Abb. 7.2: Beispiel Kostenbestandteile eines typischen Pauschalreiseangebots

Dieser Überblick zur kostenorientierten Preisfindung soll zunächst genügen. Da dieser Ansatzpunkt der Preiskalkulation einige tourismusspezifische, besondere Probleme mit sich bringt, werden diese weiter unten noch ausführlicher behandelt.

Abschließend, quasi als kleiner Exkurs, folgte ein Hinweis zur richtigen Berechnung von Kalkulationsaufschlägen bzw. Deckungsbeitragsspannen. Dazu folgendes Beispiel:

Wie viel Prozent muss ein Reiseveranstalter auf seine Kosten für Vor- und Eigenleistungen aufschlagen, um einen Deckungsbeitrag in Höhe von 20% des Umsatzes zu realisieren?

Man muss hier also unterscheiden zwischen:

K% = Kalkulationsaufschlag = %-Aufschlag auf die Netto-Kosten (die der Reiseveranstalter an die Leistungsträger zahlt)

DB% = Deckungsbeitragsspanne = %-Anteil des Deckungsbeitrages an den Kundenendpreisen (die der Reiseveranstalter in den Preislisten publiziert)

Folgende Formeln ermöglichen die Umrechnung:

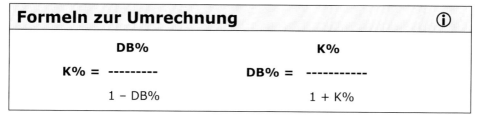

Formeln zur Umrechnung ⓘ

$$K\% = \frac{DB\%}{1 - DB\%} \qquad DB\% = \frac{K\%}{1 + K\%}$$

Um also 20% Deckungsbeitragsspanne zu realisieren, müssen 25% auf die Kosten aufgeschlagen werden. Ein Zahlenbeispiel verdeutlicht dies:

Beispiel

- 1.000,- EUR Kosten   x   (1 + 25%)   =   1.250,- EUR

- ergibt also einen Deckungsbeitrag von 250,- EUR

- 250,- EUR : 1.250,- EUR = 20% Deckungsbeitragsspanne

■ **nachfrageorientierte Preispolitik**

Die Rolle des Preises im Rahmen der Reiseentscheidung

Eine Vielzahl von Determinanten beeinflusst – auf realen und damit unvollkommenen Märkten – die Reiseentscheidung eines Interessenten:

Determinanten der Reiseentscheidung

- **Produktpräferenzen**
  (Destination/Reiseziel, Unterkunftsart und -niveau etc.),

- **Veranstalterpräferenzen**
  (Image des Reiseveranstalters, regionale Präsenz etc.),

- **Verfügbarkeit der Reiseleistung**
  (freie Kapazität, zeitliche und räumliche Verfügbarkeit etc.),

- **Kosten**
  (Reisepreis (Katalogpreis des Reiseveranstalters); Art, Umfang und Höhe der Nebenkosten am Reiseziel; Lebenshaltungskosten im Reiseziel und Wechselkurse etc.),

- u.v.m.

Der Reisepreis laut Veranstalterkatalog ist also nur *eine* Determinante während des Entscheidungsprozesses. Dieser verläuft in mehreren Phasen (bekannt ist z.B. das AIDA-Modell), wobei eine allgemeingültige Reihenfolge in Bezug auf die Wichtigkeit einzelner Entscheidungsdeterminanten nicht bestimmbar ist (Kirstges 2005, S.193–203). Wenngleich es somit jeweils einer situativen Relativierung der Bedeutung der verschiedenen Bestimmungsfaktoren bedarf, kann man davon ausgehen, dass der Katalogpreis einer Pauschalreise generell im Laufe des Entscheidungsprozesses immer wichtiger wird. Anders ausgedrückt: Das Preisinteresse des Reisewilligen nimmt während des Entscheidungsprozesses zu.

Die Bedeutung des Reisepreises (im Vergleich zu anderen Determinanten) im Rahmen der Reiseentscheidung ist somit u.a. abhängig von:

- dem **Preisinteresse** des Einzelnen: Dieses ist wieder, analog zur Preiselastizität der Nachfrage (s.o.), von verschiedenen Faktoren abhängig.

- der **Preiskenntnis** des Einzelnen. Hierunter versteht man das in der Vergangenheit erworbene und in der aktuellen Periode noch verfügbare Wissen über Reisepreise. Eine ausreichende Preiskenntnis wird vielfach kurzfristig im Vorfeld der Buchung erworben bzw. aktualisiert.

Aus der Bedeutung des Preisinteresses und der Preiskenntnis lassen sich bereits erste preisstrategische Ansatzpunkte hinsichtlich der Preisdarbietung ableiten:

Ansatzpunkte zur Preisdarbietung

für Niedrigpreisanbieter:

- ⬤ transparente Preisdarstellung,

- ⬤ einfache Reisepreisberechnung,

- ⬤ Überschreitung von Preisschwellen vermeiden,

- ⬤ Werbung mit Preisinformationen,

- ⬤ Verbraucherinformation/-aufklärung.

für Hochpreisanbieter:

- ⬤ wenig transparente Preisdarstellung,

- ⬤ Vermeidung einer direkten Vergleichbarkeit mit Konkurrenzangeboten.

Ziele der nachfrageorientierten Preisbildung

- ⬤ ausgehend von der Preisbereitschaft der Nachfrager,

- ⬤ unter Anlehnung an (vermeintlich erkennbare) Preis-Absatz-Funktionen,

- ⬤ unabhängig von den eigenen Kosten und den Preisen der Konkurrenten,

- ⬤ den Preis zu ermitteln, zu dem die gewinnoptimale Preis-Mengen-Kombination erreicht wird,

- ⬤ wobei u.U. Kapazitäts-/Kontingentrestriktionen zu berücksichtigen sind.

Das praktische Problem lässt sich hingegen mit folgender Fragestellung beschreiben: Welche Preisforderung für eine bestimmte Leistung wird von welchen Konsumentengruppen (noch) akzeptiert? In der Praxis kann das Ziel also nur darin bestehen, Nachfragefunktionen (Nachfrageverhalten) abzuschätzen, und zwar unter Berücksichtigung von Preisschwellen.

Verschiedene Arten von Preisschwellen lassen sich unterscheiden:

Arten von Preisschwellen

○ **Obere Preisschwelle**, ab der aufwärts die Buchungswahrscheinlichkeit aufgrund zu hoher Reisekosten gegen Null sinkt.

○ **Untere Preisschwelle**, ab der abwärts die Buchungswahrscheinlichkeit gegen Null sinkt, weil die Urlauber zu große Zweifel an der Produktqualität, der Veranstalterseriösität etc. bekommen. Diese untere Preisschwelle gewinnt regelmäßig immer dann an Bedeutung, wenn ausführlich über das Schicksal „gestrandeter" Urlauber nach Veranstalterkonkursen in der Presse berichtet wird.

○ Preisschwellen im sog. **Preis-Norm-Bereich** (zwischen oberer und unterer Preisschwelle):

- Preisschwellen, deren Überschreitung zu einem sprunghaften Anstieg bzw. Rückgang der Nachfrage führt,

- Preisschwellen, deren Überschreitung den Urlauber zum Veranstalterwechsel veranlasst (Verlust von veranstaltertreuen Kunden),

- Preisschwellen, deren Unterschreitung Kunden anderer Veranstalter zum Wechsel bzw. Individualkunden zur Buchung von Pauschalreisen veranlasst,

- Preisschwellen, deren Unterschreitung Interessenten dazu veranlasst, ihr Anspruchsniveau hinsichtlich der Reisequalität zurückzuschrauben.

Folgende Möglichkeiten der Ermittlung von Preisschwellen bieten sich an:

Ermittlung von Preisschwellen

○ bisherige eigene Erfahrungen (Buchungsdaten der Vergangenheit);

○ Konsumentenbefragungen (allerdings verbunden mit den bekannten Problemen: Validität? Ausreichende Preistransparenz? Preiskenntnis?);

○ Expertenbefragungen, z.B. Befragung von Reisebüroexpedienten, die über Informationen und Erfahrungen aus den alltäglichen Kundengesprächen verfügen;

○ Vergleich von Konkurrenzpreisen (s.u.: konkurrenzorientierte Preispolitik).

In der Veranstalterpraxis stellt sich dabei folgendes Problem (oder: es bietet sich folgende Chance): Qualitätsanforderungen, Preisbereitschaft und andere Determinanten der touristischen Nachfrage sind nicht bei allen Urlaubern gleich ausgeprägt. Dies erfordert (bzw. ermöglicht) eine Preisdifferenzierung im Rahmen einer Marktsegmentierung!

Preisdifferenzierung im Rahmen der Strategie der Marktsegmentierung

Die Grundlagen der Strategie der Marktsegmentierung haben Sie bereits in Kapitel 6.3.3. kennengelernt. Es würde den Rahmen dieses Buches sprengen, auf alle Varianten der Marktsegmentierung im Tourismus näher einzugehen (ausführlich Kirstges 2005, Kapitel 6). Im Folgenden werden daher lediglich die Möglichkeiten einer (Mikro-)Segmentierung des Marktes nach der Preisbereitschaft der Kunden aufgezeigt.

Ursachen und Hintergründe einer Preisdifferenzierung können z.B. sein:

- ⭕ unterschiedlich hohe Aufwendungen für Vorleistungen (Preisdifferenzierungen der Leistungsträger schlagen sich durch),
- ⭕ Leistungsdifferenzierungen,
- ⭕ Chancen auf höhere Deckungsbeiträge,
- ⭕ Strategien des (sukzessiven) kalkulatorischen Ausgleichs.

Auf die einzelnen Formen der Preisdifferenzierung im Reiseveranstaltergeschäft soll im Folgenden kurz eingegangen werden. Spätestens an dieser Stelle sollten Sie sich, falls Sie im Umgang mit Reisekatalogen noch wenig versiert sind, mehrere Kataloge verschiedener Veranstalter zur Hand nehmen und darin jeweils nachvollziehen, ob und inwiefern die jeweilige Form der Preisdifferenzierung praktiziert wird!

a) zeitliche Preisdifferenzierung:

These: Zu verschiedenen Zeiten besitzt eine identische touristische Leistung (für verschiedene Nachfrager) einen unterschiedlich hohen Wert.

Folgende Varianten der zeitlichen Preisdifferenzierung lassen sich unterscheiden:

Varianten der Preisdifferenzierung

- ⭕ nach Buchungszeitpunkt: Frühbucherrabatte, Last-Minute;
- ⭕ nach Reisebeginn/Reisezeit: verschiedene Saisonzeiten und
- ⭕ nach Aufenthaltsdauer (auch als Variante der mengenmäßigen Preisdifferenzierung zu sehen):
  - tendenziell bei Pauschalreisen: je länger, desto günstiger (relativ pro Nacht)
  - Grund: aufenthaltsdauerunabhängige Leistungs-(kosten-)bestandteile (z.B. Beförderung).

Eine Preisdifferenzierung in fünf bis sechs unterschiedliche Saisonzeiten ist üblich. Die Darstellung in den Preistabellen – hier sechs Saisonzeiten und jeweils Preisangaben für eine Woche bzw. zwei Wochen – sieht dann z.B. so aus:

Hotel Grecotel Kreta	S		A		B		C		D		E	
	1W	2W	1W	2W	1W	2W	1W	2W	1W	2W	1W	2W
Doppel UF	1144	1529	1229	1699	1629	2499	1694	2629	1714	2669	1754	2749
Einzel UF	1229	1699	1344	1929	1929	3099	2034	3309	2054	3349	2129	3499

Abb. 7.5: Ausschnitt aus einer Preistabelle

b) räumliche Preisdifferenzierung:

These: An verschiedenen Orten besitzt eine (ansonsten) identische touristische Leistung (für verschiedene Nachfrager) einen unterschiedlich hohen Wert.

Varianten der räumlichen Preisdifferenzierung

- ● nach Zielgebieten: zum selben Zeitpunkt unterscheiden sich die Saisonzeiten/Preisniveaus in verschiedenen Destinationen,

- ● nach Absatzmärkten: je nach Ort der Buchung (Vertriebsweg) unterschiedliche Preisniveaus,

- ● nach Abreiseorten: je nach Abflughafen/Abfahrtort (⇒ Flughafenzuschläge).

Üblich ist eine Kombination der zeitlichen und räumlichen Preisdifferenzierung: Je nach Abflugort bestehen zum gleichen Termin unterschiedliche Saisonzeiten.

c) personelle Preisdifferenzierung:

These: Verschiedene Personen(typen) sind bereit, für eine identische touristische Leistung einen unterschiedlich hohen Preis zu entrichten.

Varianten der personellen Preisdifferenzierung ⓘ

- ● nach Alter: Kinderermäßigungen, Seniorentarife
- ● nach sozialen Gesichtspunkten: Behindertenermäßigungen etc.

---

d) Mengenmäßige Preisdifferenzierung:

These: Für bestimmte Nachfragemengen bieten sich unterschiedliche Konditionen an (vgl. Mengenrabatt).

Varianten der mengenmäßigen Preisdifferenzierung

- ○ Zahl der Reiseteilnehmer: Gruppenermäßigungen, Einzelzimmeraufschläge und

- ○ Zahl der durchgeführten Reisen: Stammkunden-/Vielbucherrabatte; Zusatzleistungen für Vielflieger

---

e) Preisdifferenzierung nach dem Vertriebsweg:

These: Für unterschiedliche Vertriebswege bieten sich unterschiedliche Konditionen an.

Varianten der vertriebswegorientierten Preisdifferenzierung

- ○ Direktbuchertarife versus Reisemittlerpreise,

- ○ unterschiedliche Provisionen je nach Reisemittlertyp etc..

---

f) Preisdifferenzierung in Verbindung mit Produktvariation:

These: Für unterschiedliche Produktvarianten lassen sich verschiedene Preise erzielen.

Unter einer Produktvariation versteht man eine nur leichte Veränderung einer Leistung, ohne dass dadurch ein völlig neues Angebot entsteht.

Varianten der produktvariationsorientierten Preisdifferenzierung

- ○ Aufpreise für komfortablere Zimmer, Schiffsaußenkabinen, etc.

- ○ separat zu zahlende Zusatzleistungen (Ausflüge etc.)

- ○ Airline-Klassen

- ○ etc.

◾ **konkurrenzorientierte Preisstellung**

Ziel der konkurrenzorientierten Preisstellung ist eine Festlegung des Reisepreises dergestalt, dass die Konsumenten:

- ▪ noch nicht zu Wettbewerbern abwandern,

- ▪ gerade eben zum Wechsel zum eigenen Unternehmen bewegt werden.

In diesem Zusammenhang sei nochmals an das oben dargestellte preistheoretische Modell erinnert: Es existieren eine obere und eine untere Grenze des wettbewerbsfreien, monopolistischen Bereichs der Preis-Absatz-Funktion.

Als Wettbewerber sind alle Anbieter solcher Leistungen zu betrachten, die beim Nachfrager Bestandteil des gleichen *evoked set* sind; somit besteht eine hohe Kreuzpreiselastizität zwischen den eigenen Reiseleistungen und denen der Konkurrenten. Auf die in diesem Zusammenhang auftretende Problematik der Abgrenzung des relevanten Marktes kann hier nur hingewiesen werden.

Eine konkurrenzorientierte Preisbildung erscheint insbesondere bei „klassischen" Standardpauschalreisen wichtig, da bezüglich der relevanten Produktfacetten kaum Unterschiede zwischen den einzelnen Veranstaltern bestehen.

Ausgewählte Aspekte der strategischen Preisfestsetzung

Preisstrategisch bieten sich einem Veranstalter drei grundsätzliche Verhaltensweisen gegenüber den Konkurrenten:

- **unter dem Konkurrenzpreisniveau (im Sinne einer Penetrationsstrategie)**

= Kampfstrategie: Durch eine aggressive Preispolitik wird eine Erhöhung des eigenen Marktanteils angestrebt:

- schnelle Marktdurchdringung („Masse"),

- sinkende Stückkosten durch Erfahrungskurveneffekte,

- insbesondere durch Großveranstalter realisierbar,

- für kleine Reiseveranstalter nur durch Konzentration auf bestimmte Zielgebiete
- möglich,

- Gefahr: Einleitung von ruinösen Preiskämpfen.

- **dem Konkurrenzpreisniveau entsprechend**

= wirtschaftsfriedliche Koexistenz: Der Veranstalter orientiert sich am Preis-Leistungs-Niveau seiner Konkurrenten. Dieses Verhalten kann zu einem „Schlafmützenwettbewerb", wie Schumpeter diese Situation bezeichnete, führen. Außerdem besteht für den einzelnen Veranstalter die Gefahr, dass Deckungsbeiträge verschenkt werden.

- **über dem Konkurrenzpreisniveau (im Sinne einer Abschöpfungsstratgie /skimming-pricing)**

Die Abschöpfungsstrategie birgt die Gefahr einer Abwanderung von Kunden. Daher erscheint sie nur unter folgenden Anwendungsvoraussetzungen opportun:

– der Veranstalter verfügt über eine starke Marktmacht (Markenkäufer; Stammkunden; Vertriebskanäle; Innovation),

– die Veranstalterstärke liegt in einer exklusiven Verfügbarkeit von Kapazitäten in den gefragten Saisonzeiten/Zielgebieten,

– die Preisdifferenzierung erfolgt in Verbindung mit einer Produktdifferenzierung im Vergleich zu den Konkurrenzangeboten,

– die Preiselastizität der Nachfrage ist – zumindest kurzfristig – niedrig.

Verfügt der Veranstalter über mehrere voneinander unabhängige Marken, so erscheint eine Konkurrenzierung auf verschiedenen Ebenen möglich (vgl. die Strategie des simultanen kalkulatorischen Ausgleichs). Ebenso ist ein sukzessiver kalkulatorischer Ausgleich (speziell zur Markteinführung neuartiger Reiseleistungen) vorstellbar. Ein solches Preismanagement im Produktlebenszyklus (PLZ) zielt auf eine Entwicklung des Preisniveaus im Zeitverlauf ab. Diese könnte zum Beispiel wie folgt aussehen.

Innovation

⇒ skimming-pricing

⇓

Habitualisierung/Entwicklung zum Massenmarkt

⇒ Senkung des Preisniveaus

⇓

Markteintrittsversuche von Konkurrenten

⇒ penetration-pricing

Abb. 7.4: Beispiel 1 zum Preismanagement im PLZ

PLZ-Phase	Marktanteilsziel	Preisstrategie
Einführung	aufbauen	aggressiv
Wachstum	vergrößern	möglichst unter Marktpreis
Reife	halten	Preis halten oder erhöhen; für kleine Anbieter: Preis unterhalb des Marktführers
Sättigung	ernten; Elimination vorbereiten	Preis hoch lassen

Abb.7.5: Beispiel 2 zum Preismanagement im PLZ

Beispiel

Zur Verdeutlichung ein kurzes Praxisbeispiel: Sie kennen den Reiseveranstalter Alltours Flugreisen GmbH. Welche Preisstrategie verfolgt dieser große mittelständische Veranstalter?

Alltours gehört zu den sehr preisaggressiven Anbietern, die den Großveranstaltern (TUI, NUR, etc.) ein Dorn im Auge sind. Alltours versucht also (mit Erfolg), über eine Penetrationsstrategie Marktanteile zu gewinnen. Mitte 1993 kam es daher zu (letztlich erfolglosen und teilweise wettbewerbsrechtlich unzulässigen) Versuchen der Großveranstalter, Alltours dadurch aus bestimmten (Ziel-)Märkten zu verdrängen, dass mit wichtigen Hotels in den Zielgebieten Ausschließlichkeitsverträge (gegen Alltours und andere Wettbewerber) abgeschlossen wurden.

Wichtige Erkenntnisse

Bei der Kalkulation von Reisepreisen sind drei Aspekte zu berücksichtigen:
- Kosten,
- Nachfragesituation,
- Konkurrenten.

■ **das Zusammenspiel von kosten-, konkurrenz- und nachfrageorientierter Preiskalkulation**

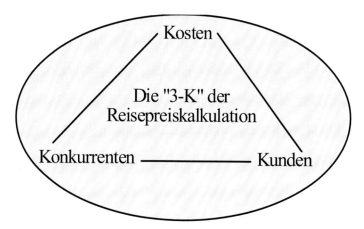

Abb. 7.6: Die „3-K" als „magisches Dreieck" der Reisepreiskalkulation

Kosten-, Konkurrenz- und Nachfrageorientierung bilden ein „magisches Dreieck" der Preiskalkulation. Jeder dieser drei Aspekte muss bei der Preisbildung und -darstellung durch Reiseveranstalterunternehmen hinreichend Berücksichtigung finden.

Die Kosten bilden die Basis für eine Minimalkalkulation; sie stellen somit eine notwendige Bedingung der Preisberechnung dar. Die Kunden dienen der Optimalkalkulation für nachfrageorientierte, vom Markt akzeptierte Preise. Diese können durchaus über der kostenorientierten Minimalkalkulation liegen. Liegen sie hingegen darunter, sollten –im Sinne eines target costing – die Kosten auf das im Markt durchsetzbare Niveau gesenkt werden. Die Konkurrenten schließlich dienen als Orientierungsmaßstab und bilden ggf. eine Restriktion, die die Durchsetzung (höherer) nachfrageorientierter Preise verhindert. Die folgende Abbildung soll abschließend die Zusammenhänge verdeutlichen:

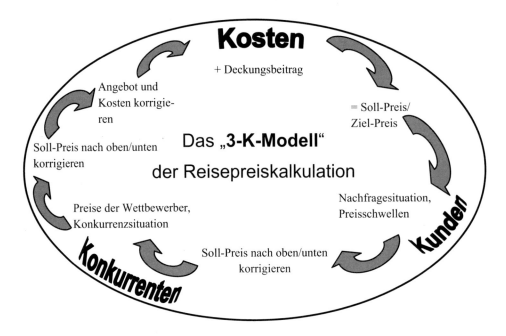

Abb. 7.7: *Modell der Preiskalkulation unter Berücksichtigung von Kosten, Kunden und Konkurrenten*

Nachdem nun ein Überblick über die Problematik der Reisepreiskalkulation gegeben wurde, sollen im Folgenden einige spezifische Probleme der kostenorientierten Preisfindung durch Reiseveranstalter vertieft werden.

7.1.3   Vertiefung ausgewählter Aspekte der kostenorientierten Preisfindung

▓ fixe versus variable Leistungskosten und Währungsrisiken

Hier soll es nicht um die allgemeine Problematik der Gemeinkostenverrechnung gehen (z.B. anteilige Werbekosten, Bürokosten, Personalkosten, etc.), sondern um die spezifischen Einzelkosten der touristischen Leistung.

Als variable Kosten sollen solche bezeichnet werden, die abhängig von der effektiven Zahl der Reiseteilnehmer sind. Fixe Kosten fallen dementsprechend unabhängig von der Pax-Zahl an. Bei den Fixkosten gewinnt daher der Auslastungsgrad an Bedeutung.

Als variable Kostenbestandteile fallen im Rahmen einer Reiseleistung z.B. die folgenden an:

Beispiele für variable Kosten

- Unterkunfts-/Hotelleistungen auf Optionsbasis,
- Transfers bei Abrechnung pro Pax,
- Versicherungsschutz,
- Zusatzleistungen/Extras pro Pax etc..

Variable Kosten unterliegen zwar nicht der Auslastungsproblematik; doch auch für sie (ebenso wie für Fixkosten) können Währungsschwankungen von Bedeutung sein. Folgendes Beispiel soll die Problematik von Währungsschwankungen verdeutlichen:

Im Rahmen der Kalkulation seines Appartementangebots (Reiseziel: USA) geht ein Veranstalter von folgenden Daten aus:

–   Preis pro Appartement pro Woche: 400,- USD

–   Kalkulationskurs: 1 USD = 1,10 EUR

$\Rightarrow$ Appartementkosten = 440,- EUR

$\Rightarrow$ bei 2.000 Appartementvermietungen über die gesamte Saison

$\Rightarrow$ 880.000,- EUR kalkulierte Kosten

Als schließlich, nach der Saison, die Rechnung des Appartementleistungsträgers kommt, hat sich der Franc-Kurs wie folgt geändert:

–   effektiver Kurs bei Eingang der Leistungsträger-Rechnung: 1 USD = 1,14 EUR

Welche Auswirkungen hat dies auf die Ergebnissituation des Veranstalters?

–   effektiver Kurs bei Eingang der Leistungsträger-Rechnung: 1 USD = 1,14 EUR

$\Rightarrow$ effektive Appartementkosten = 456,- EUR

$\Rightarrow$ Differenz im Vergleich zur Kalkulation:

16,- EUR Mehrkosten pro verbuchtem Appartement

–   bei Vollauslastung der 2.000 Appartements

$\Rightarrow$ 912.000,- EUR effektive Kosten

$\Rightarrow$ 32.000,- EUR Mehrkosten aufgrund einer Wechselkursänderung

Die Wechselkursänderung von 3,6% schlägt sich also in Form einer Kostenerhöhung in voller Höhe auf die variablen Leistungskosten durch.

Der Geschäftserfolg eines (auf ausländischen Zielmärkten engagierten) Reiseveranstalters kann also wesentlich davon abhängen, auf welcher Wechselkursbasis er seine Katalogpreise berechnet hat und wie sich demgegenüber der tatsächliche Kurs zum

Zahlungstermin verhält. Die Ursachen für Kursänderungen sind unterschiedlicher Natur: Die gesamtwirtschaftliche Entwicklung, Leitzinsänderungen der Nationalbanken oder Veränderungen der Arbeitslosenquoten können ebenso wie Gerüchte und Mutmaßungen an den Finanzmärkten den Devisenmarkt ins Wanken bringen.

Insbesondere für Reiseveranstalter, die Zielgebiete im außereuropäischen Ausland anbieten, ist daher ein Management der Währungsrisiken von Bedeutung. Wenn die Kundenpreise kalkuliert werden, ist der spätere Wechselkurs, zu dem die Leistungsträger im Ausland gezahlt werden müssen, noch nicht bekannt. Größere Schwankungen können schnell zu erheblichen Verlusten führen.

Als Lösungsansätze zur Reduzierung bzw. Vermeidung der Währungsschwankungsrisiken bieten sich folgende Maßnahmen an:

Maßnahmen zur Reduzierung/Vermeidung von Währungsschwankungen

- Devisentermingeschäft,
- Devisenoptionsgeschäft,
- Kassageschäft/Kauf von Devisen zum Kalkulationszeitpunkt,
- Währungsschwankungen einkalkulieren,
- in der eigenen Währung mit Leistungsträgern fakturieren,
- nachträgliche Preiserhöhung (Preisänderungsklausel unter bestimmten, reiserechtlich zulässigen Bedingungen),
- strategischer Ausgleich über Tochterfirmen im Ausland.

An dieser Stelle soll daher die Bedeutung von Währungsschwankungen für die kostenorientierte Preiskalkulation nur kurz zusammen gefasst werden:

Wichtige Erkenntnisse

Das Währungsrisiko besteht in der Abweichung des Devisenkurses zum Zeitpunkt der Zahlungsverpflichtung von seinem Erwartungswert, der der Kundenpreiskalkulation zugrunde gelegt wird/wurde. Reiseveranstalter, die Reisevorleistungen im Nicht-Euro-Raum einkaufen, können davon stark betroffen sein. Durch ein Währungsmanagement kann man dieses Risiko reduzieren.

■ **Bedeutung der Auslastung bei der Verteilung fixer Leistungskosten und deren Auswirkung auf das Preisniveau (Charterkettenkalkulation)**

Die Problematik dieser Fixkosten stellt sich wie folgt dar: Die Kosten fallen in einer bestimmten Höhe an, unabhängig davon, wie viele Reisende diese (Teil-)Leistung tatsächlich in Anspruch nehmen werden. Die Höhe dieser Kosten steht vor Buchungseingang und Reisebeginn fest bzw. muss vom Reiseveranstalter festgeschrieben werden. Die Kostenanteile je Kunde müssen für die Preisfestsetzung vorab festgelegt werden. Dazu ist abzuschätzen, auf wie viele Personen sich die Gesamtkosten verteilen werden (Abschätzung des Auslastungsgrades). Bei späterer Nicht-Auslastung entstehen Leerkosten.

Der Auslastungsgrad soll als der Anteil der tatsächlich genutzten Plätze (Flug, Hotel, Kurs, etc.) an dem zur Verfügung stehenden Platzpotential (für das Kosten in fixer Höhe anfallen) definiert werden.

In welchen Leistungsbereichen des Veranstaltergeschäft fallen Fixkosten an?

Fixkosten (= Kosten, die unabhängig von der tatsächlichen Auslastung sind) fallen im Veranstaltergeschäft z.B. in folgenden Leistungsbereichen an:

- Charterflüge/Charterflugketten,
- Bustransporte/Busketten,
- eigenveranstaltete Kurse (Sprach-, Sportkurse),
- fest angestellte Reiseleiter/Reiseführer,
- eigene Beherbergungsbetriebe etc..

Nachfolgendes Übersichtsschema mit vier Beispielberechnungen hilft Ihnen bei der Kalkulation von Charterketten:

	04.04.	04.04.	04.04.	04.04.
1. Abflugstag				
letzter Rückflug	**07.11.**	**07.11.**	**07.11.**	**31.10.**
An-/Abreisetournus: alle ... Tage	7	7	7	14
Gesamtzahl der ...				
... Termine (Flugtage)	32	32	32	16
... geflogenen Strecken	64	64	64	32
Urlaubsaufenthaltswochen	31	31	31	30
(= techn. Kettenlänge)				
durchschnittliche Aufenthaltsdauer in	7	14	21	14
Nächten				
Anzahl der Flüge (Umfang der Kette)				
Hinflüge	32	32	32	16
davon besetzt (= kommerzielle Ketten-	31	30	29	15
länge)				
leer	1	2	3	1
Rückflüge	32	32	32	16
davon besetzt	31	30	29	15
leer	1	2	3	1
Fluggerät / Flugkapazität				
Plätze je Flug	**288**	**288**	**288**	**288**
Auslastung	85%	85%	85%	85%
tatsächliche Personenzahl je Flug	**245**	**245**	**245**	**245**
durchschn. Anzahl der Personen im Zielgebiet				
(= erforderliche Bettenkapazität vor Ort)				
1. Abflug bis 2. Abflug (z.B. 1. Woche)	bis 11.04.	bis 11.04.	bis 11.04.	bis 18.04.
	245	245	245	245
2. Abflug bis 3. Abflug (2. Woche)	bis 18.04.	bis 18.04.	bis 18.04.	bis 02.05.
	245	490	490	245
3. Abflug bis 4. Abflug (3. Woche)	bis 25.04.	bis 25.04.	bis 25.04.	bis 16.05.
	245	490	735	245
weitere Wochen	245	490	735	245
drittletzte Woche	245	490	735	245
vorletzte Woche	245	490	490	245
letzte Woche	245	245	245	245
Gesamtpersonenzahl in der Saison	7.595	7.350	7.105	3.675
Gesamtzahl der Übernachtungen in der Saison	53.165	102.900	149.205	51.450
Kosten des Fluges (in EUR)				
einfache Strecke, leer	**40.000,00**	**40.000,00**	**40.000,00**	**40.000,00**
einfache Strecke, besetzt	**50.000,00**	**50.000,00**	**50.000,00**	**50.000,00**
Gesamtkosten Kette	3.180.000	3.160.000	3.140.000	1.580.000
Kosten je Person (Hin- inkl. Rückflug)	418,70	429,93	441,94	429,93

Wenn Sie die Berechnungen nachvollziehen, stellen Sie z.B. folgende Zusammenhänge fest:

— Am Anfang und am Ende einer Charterkette fallen jeweils Leerflüge an, und zwar umso mehr, je länger cet. par. die durchschnittliche Aufenthaltsdauer ist.

— Je länger cet. par. die durchschnittliche Aufenthaltsdauer der Gäste ist, desto weniger Personen können befördert werden, desto mehr Übernachtungen lassen sich jedoch verbuchen. Entsprechend steigt der Flugkostenanteil pro Person.

▨ Varianten des Kalkulationsaufschlags und deren Auswirkung auf das Preisniveau

Abschließend sollen die verschiedenen Möglichkeiten, einen unternehmerischen Kalkulationsaufschlag zu berechnen, problematisiert werden. Die in der Veranstalterpraxis übliche Variante ist die eines festen Prozentaufschlags. Dies wird sowohl für die Reiseveranstaltermarge (x% auf die kalkulierten Kosten) als auch für die Reisemittlerprovision (x% des Bruttoumsatzes; ggf. in Verbindung mit umsatzabhängigen Staffelprovisionen) praktiziert.

Das Problem dieser Praxis besteht jedoch darin, dass Hochsaisonpreise (noch) höher werden und in der Nebensaison nur geringe Deckungsbeiträge (bei vergleichbarem Leistungsaufwand) erwirtschaftet werden. So kann davon ausgegangen werden, dass der Beratungsaufwand für einen Reisemittler unabhängig davon, ob der Kunde in der Hauptsaison für 1.500,- EUR (= z.B. 150,- EUR Provision) oder in der Nebensaison für 700,- EUR (= 70,- EUR Provision) verreisen will, gleich groß ist.

Varianten des Kalkulationsaufschlags und deren Auswirkung auf das Preisniveau

gängigste Variante:
- **O** fester Prozentaufschlag
- **O** für die Reiseveranstaltermarge
- **O** für die Reisemittlerprovision (ggf. in Verbindung mit umsatzabhängigen Staffelprovisionen)

Problem:
- **O** Hochsaisonpreise werden noch höher
- **O** geringe Deckungsbeiträge (bei vergleichbarem Leistungsaufwand) in der Nebensaison

---

Daher sollten folgende Alternativen diskutiert werden:

— Margen/Provisionen in absoluten Spannen je Person,

–   Margen/Provisionen in absoluten Spannen je Buchung,

–   reisezeit- oder auslastungsabhängige Provisionsvariationen,

–   sog. „leistungsabhängige" Provisionen etc..

Absolute, vom Reisepreis unabhängige Provisionssätze haben einen reisepreisnivel-
lierenden Effekt, der durchaus sinnvoll und erwünscht sein kann. Problematisch ist
jedoch die geringe Akzeptanz bei Reisemittlern aufgrund jahrzehntelanger „%-
Tradition".

Folgendes Beispiel verdeutlicht den unterschiedlichen Effekt verschiedener Varianten
des Kalkulationsaufschlags (Deckungsbeitrag/DB) bei Reiseveranstaltern:

Rei-sezeit	Ge-samt-kosten	DB-Kalk. **in %**		Endpreis bei DB-Aufschlag von **80,- EUR** pro Person		
		10% DB	Endpreis	Endpreis	= in % der Kos-ten	= in % des Um-satzes
A	500	50	550	580	16%	14%
B	700	70	770	780	11%	10%
C	900	90	990	980	9%	8%
D	1200	120	1320	1280	7%	6%

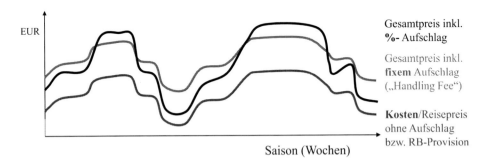

Abb. 7.8: *Auswirkung unterschiedlicher Kalkulationsaufschläge auf den Reisepreis*

Wichtige Erkenntnisse

- Der Katalogpreis ist nur eine Determinante im Rahmen der Reiseentscheidung eines Interessenten. Dessen Bedeutung hängt vom Preisinteresse und von der Preiskenntnis des Einzelnen ab.

- Da in der Veranstalterpraxis Nachfragefunktionen nicht bekannt sind, bietet sich eine Orientierung an Preisschwellen an, um nachfrageorientiert die Katalogpreise festzusetzen. Für unterschiedliche Zielgruppen können dabei verschiedene Preisschwellen gelten, was eine Preisdifferenzierung ermöglicht.

- Bei der kostenorientierten Preiskalkulation beeinflussen neben den Kostenbestandteilen insbesondere Währungsschwankungen, angenommene Auslastungsgrade und die Art des Aufschlags für den Reiseveranstalter-Deckungsbeitrag sowie die Reisebüroprovisionen den Reisepreis.

7.2   Provisionssysteme

Das vorige Kapitel hat uns gezeigt, welche Determinanten auf einen Preis einwirken und welche Besonderheiten bei der Kalkulation von Reisepreisen auftreten. Ein weiterer wichtiger Aspekt in diesem Zusammenhang sind die Gestaltungsmöglichkeiten der Reisebüroprovisionen durch Reiseveranstalter. Es folgt daher ein kurzer Überblick zu dieser Thematik.

Als Provision wird allgemein eine Vergütung bezeichnet, die ein Unternehmen (im Tourismus meist: Reisemittler) von einem anderen Unternehmen (Tourismus: Reiseveranstalter oder Leistungsträger wie z.B. Airline, Mietwagenfirma, Versicherungsgesellschaft etc.) dafür erhält, dass es dessen angebotene Leistungen (Pauschalreisen, Flüge, Mietwagen, Versicherungspolicen etc.) an Dritte (meist Endkunden) vermittelt. Das vermittelnde Unternehmen (Reisemittler) hat dabei i.d.R. den handelsrechtlichen Status eines Handelsvertreters inne, das vermittelte Unternehmen den des Handelsherren (vgl. § 84 HGB). In dem zwischen den beiden Parteien geschlossenen Handelsvertretervertrag (hier: Agenturvertrag) ist dann u.a. der gesetzlich vorgeschriebene (vgl. §§ 87, 86b, 354 HGB) Provisionsanspruch des Handelsvertreters gegenüber seinem Handelsherren detailliert geregelt. Üblicherweise werden dabei sog. Abschlussprovisionen (Vermittlungsprovisionen) vereinbart. Darüber hinaus können z.B. sogenannte Delkredereprovisionen oder Inkassoprovisionen (falls der Handelsvertreter auch für die Einbeziehung der Kundengelder verantwortlich zeichnet) vereinbart werden.

Die Abschlussprovision wird oft in den Agenturverträgen differenziert nach:

- Basisprovision (Grundprovision),

- Staffelprovision (Zusatzprovision, Umsatz-Block-Bonus) und

- Superprovision (Leistungsprovision, Steigerungsprovision, Turboprovision, Overriding Commission).

Die in der Branche gebrauchten Begrifflichkeiten sind hier keinesfalls eindeutig oder gar hermeneutisch logisch. So kann man bei manchen Veranstaltern aufgrund einer *negativen Superprovision* (*Malus*) auch unter die Basisprovision fallen, oder als Basisprovision wird der *höchste* Prozentsatz einer Staffel bezeichnet (erreicht man den dafür erforderlichen Mindestumsatz nicht, verdient man also weniger als die Basisprovision). Oft wird auch *Zusatzprovision* mit *Superprovision* gleichgesetzt.

Über viele Jahrzehnte war es in der Reisebranche üblich, die **(Basis-)Provision** im Sinne eines Prozentsatzes auf die Höhe des vermittelnden Umsatzes zu berechnen. Dieser lag branchenüblich – ab einem bestimmten vom Reisemittler beim einzelnen Leistungsanbieter zu realisierenden Mindestumsatz – bei etwa 10%. Die ggf. auf die Provision entfallende Mehrwertsteuer wurde vom Veranstalter zusätzlich vergütet. Etwa seit Ende der 1990er Jahre gibt es in Teilen der Branche, insbesondere bei der Vergütung von Reisemittlern durch Fluggesellschaften, zwei Tendenzen:

- die Höhe des (Basis-)Provisionssatzes wird reduziert, teilweise sogar auf 0% gesetzt (sog. Nullprovision, die den Reisemittler dazu zwingt, direkt vom Kunden ein Entgelt zu verlangen; dadurch entwickelt sich der Reisemittler vom Handelvertreter zum eigenständigen Händler);

- an die Stelle einer prozentualen Provisionsberechnung tritt eine umsatzunabhängige Fixsumme je Buchung (*Handling Fee, Flat Fee*).

Bei **Staffelprovisionen** wird die Provisionshöhe (meist in Prozent) über eine Basisprovision hinaus in Abhängigkeit von der absoluten Höhe des vermittelten Umsatzes gestaffelt. Eine typische Staffelprovision, bezogen auf die für *einen* bestimmten Veranstalter vermittelten Umsätze, könnte z.B. wie folgt aussehen:

Umsatzgrenzen	Provisionssatz in %
bis unter 25.000,- EUR pro Jahr	6 (= Basisprovision)
ab 25.000,- bis unter 75.000,- EUR pro Jahr	8
ab 75.000,- EUR	10

Solche Staffeln können zahlreiche Stufen umfassen (z.B. im Thomas Cook-Agenturvertrag für 2005/06: 16 Umsatzklassen).

Bei **Superprovisionen** handelt es sich um zusätzliche Provisionen, meist gemessen in Prozentpunkten, die – wie auch immer definierte – besondere Leistungen des Reisemittlers belohnen sollen. Diese besonderen Leistungen werden meist an den jährlichen Umsatzsteigerungen (bezogen auf den provisionsgewährenden Veranstalter) gemessen: Wächst der vermittelte Umsatz im Vergleich zum Vorjahr, erhält der Reisemittler eines Bonus. Um diejenigen Reisemittler zu bestrafen, die vom Veranstalter wegsteuern, werden diese oft analog mit einem sog. Malus bestraft. Um die Entwicklung des Gesamtmarktes sowie des betreffenden Veranstalters zu berücksichtigen, wird die Umsatzentwicklung des Reisemittlers (bezogen auf einen Veranstalter) vielfach mit der Umsatzentwicklung des Veranstalters verglichen: Sinkt der Umsatz des Veranstalters stärker als der auf diesen Veranstalter bezogene Umsatz des Reisemittlers, darf dieser nicht mit einem Malus bestraft werden. Zu regeln ist insbesondere, ob die Superprovision nur auf den Mehrumsatz (ab einer bestimmten Umsatzgrenze) oder aber auf den gesamten erzielten Umsatz anzuwenden ist (wobei dann auch rückwirkend, d.h. höher als ursprünglich berechnet, vergütet wird).

Andere Modelle honorieren z.B. bestimmte Anstrengungen des Reisemittlers in Bezug auf Marketingaktionen oder Mitarbeiterfortbildung, sofern diese spezifisch auf den provisionsgewährenden Veranstalter bezogen sind. Oft wird auch der Abverkauf bestimmter Reisen, die der Veranstalter in den Markt drücken möchte, mit einer Superprovision belohnt. Über einen solchen Bonus können Reisemittler ihre Gesamtprovision i.d.R. um 1 bis 5% anheben.

Diese und weitere Regelungsbedarfe hinsichtlich der Provision sind in folgender Abbildung zusammengefasst:

Regelungsbereich:	Alternativen:						
Mindestumsatz zum Erhalt einer Provision	nein	ja → Höhe:	25.000 EUR	50.000 EUR	100.000 EUR	…	
Art der Grundprovision/ Basisprovision	prozentual auf Umsatz		Fixbetrag pro gebuchter Person	Fixbetrag pro Buchung	…		
Höhe der Grundprovision/ Basisprovision	0	….	7%	8%	9%	10%	…
Staffelprovision	nein	ja → Höhe:	+ …%	+ 1%	+ 2%	+ 3%	…
Umsatzschwellen bei Staffel	absoluter Umsatz		Veränderung des Umsatzes gegenüber Vorjahr		…		
Berücksichtigung der Markt-/Konkurrenzentwicklung für Staffel	nein	ja → wie?	…				
Provisionsminderung bei Umsatzrückgängen („Malus")	nein	ja → Höhe?	…				
Zeitpunkt der Provisionszahlung	bei Buchung	bei erh. Kundenanzlg.	bei erh. Kundenrestzlg.	bei Reisebeginn	…		
Abschlagszahlung	nein	ja → Höhe/Verrechnung?	…				
berücksichtigte/verprovisionierte Umsatzbestandteile	nur Reisegrundpreis	auch auf Treibstoffzuschläge	auch auf Zusatzleistungen (Versichg.; Eintrittskarten)	auch auf Umbuch-ungen	auch Stornos	…	
Provisionshöhenunterschiede je nach Bindungsform/-intensität	nein	ja →	für Franchisepartner	für Kooperationsverbünde	…		
… u.v.m. …							

Abb. 7.9: *Überblick über Regelungsbedarfe hinsichtlich Reisebüroprovisionen*

Damit Sie einen Einblick in typische Provisionsstaffeln erhalten, sind in folgender Aufstellung Provisionshöhen einiger Veranstalter abgebildet:

Umsatz[1]	FTI Verdienst[1]	Provision[2]	Rewe Pauschal Verdienst[1]	Provision[2]	Alltours Verdienst[1]	Provision[2]	Thomas Cock Verdienst[1]	Provision[2]	TUI Verdienst[1]	Provision[2]
100.000	11.500,00	11,50	10.000,00	10,00	10.000,00	10,00	8.720,00	8,72	5.500,00	5,50
150.000	18.750,00	12,50	16.500,00	11,00	15.000,00	10,00	14.250,00	9,50	10.500,00	7,00
200.000	26.000,00	13,00	23.000,00	11,50	20.600,00	10,30	19.120,00	9,56	18.000,00	9,00
249.000	32.370,00	13,00	28.635,00	11,50	27.390,00	11,00	24.216,00	9,73	22.410,00	9,00
450.000	58.500,00	13,00	57.375,00	12,75	52.200,00	11,60	46.720,00	10,38	45.900,00	10,20
	60.750,00	13,50	53.550,00	11,90	48.400,00	10,76	46.800,00	10,40		
650.000	84.500,00	13,00	84.500,00	13,00	77.350,00	11,90	69.520,00	10,70	68.250,00	10,50
	87.750,00	13,50	79.300,00	12,20	73.160,00	11,26	69.875,00	10,75		
900.000	117.000,00	13,00	117.000,00	13,00	107.100,00	11,90	99.920,00	11,10	98.100,00	10,90
	121.500,00	13,50	109.800,00	12,20	104.200,00	11,58	103.500,00	11,50		
1.300.000	169.000,00	13,00	169.000,00	13,00	154.700,00	11,90	149.920,00	11,53	146.900,00	11,30
	175.500,00	13,50	158.600,00	12,20	156.775,00	12,06	157.300,00	12,10		
2.000.000	260.000,00	13,00	260.000,00	13,00	238.000,00	11,90	239.120,00	11,96	228.000,00	11,40
	270.000,00	13,50	244.000,00	12,20	250.775,00	12,54	248.000,00	12,40		
3.000.000	390.000,00	13,00	390.000,00	13,00	357.000,00	11,90	371.120,00	12,37	342.000,00	11,40
	405.000,00	13,50	366.000,00	12,20	388.775,00	12,96	372.000,00	12,40		

FTI: Orange Partner   Alltours: Profi Partner   Thomas Cook: Team   TUI: Horizonte

[1] Umsatz und Verdienst in Euro
[2] Provision in Prozent

Anmerkungen: Beim Cook-Provisionsmodell gibt es drei Stufen. Die angegebenen Werte stammen aus den Stufen zwei (bis 65.0000 Euro) Gesamtumsatz und gehen danach über zu Stufe drei. Dabei wird von 80 Prozent Sortiment-A-Anteil und 20 Prozent Sortiment-B-Anteil ausgegangen.
© Lehrter Reisen GmbH, Andreas Schulte

Abb. 7.10: *Beispiel Provisionshöhen in Abhängigkeit vom Jahresumsatz*

(Quelle: ta Nr. 40 vom 13.10.08, S. 8)

Wichtige Erkenntnisse

- ▨ Es gibt verschiedene Gestaltungsmöglichkeiten hinsichtlich der Gewährung von Provisionen. Bei Staffelprovisionen wird z.B. die Provisionshöhe in Abhängigkeit von der absoluten Höhe des vermittelten Umsatzes gestaffelt, während Superprovisionen besondere Leistungen der Reisebüros belohnen.
- ▨ Übliche Basisprovisionen liegen bei ca. 10%.

Vertiefungsfragen

? Formulieren Sie thesenartig zentrale Anforderungen, denen eine „gute" Preiskalkulation und Preisgestaltung von Reiseveranstaltern genügen sollten (jeweils kurze Erläuterung)!

? Ein Reiseveranstalter möchte eine Deckungsbeitragsspanne von 18% realisieren. Wie hoch muss der Kalkulationsaufschlag sein?

? Abb. 7.10 zeigt eine Tabelle mit Angaben zu Provisionen, die ein Reisebüro von einem Veranstalter erhalten kann. Erläutern Sie diese (insbes. den Verlauf der Provisionshöhe).

Literaturhinweise

- Füth, Günter / Walter, Erich, (Buchführung), Buchführung für Reiseverkehrsunternehmen, 8. Aufl., Frankfurt/Main 1993.
- Kirstges, Torsten, Expansionsstrategien, 3. Auflage, Wilhelmshaven 2005.
- Kirstges, Torsten, „IT-Nutzung in Reisebüros", Ergebnisse einer empirischen Studie zur Nutzung von Computerreservierungssystemen (CRS) und weiterer Informationstechnologie (IT) in Reisebüros, Wilhelmshaven 2007.
- Kirstges, Torsten / Schmoll, Enno, Kampf der Systeme – welche IT braucht das Reisebüro?, Wilhelmshaven 2008.
- Meier, Rolf / Maess, Thomas, Back-Office, in: Das Reisebüro – erfolgreich gründen und führen, Neuwied/Kriftel/Berlin 1997.
- Mundt, J., Reiseveranstaltung, 5. Auflage, München/Wien 2000.
- o.V., (Leisure Profiles), Produktblatt Amadeus Customer Leisure Profiles, http://www.amadeus.com/de/documents/aco/de/de/PB_Customer_Leisure_Profiles.pdf.
- Schulz, Axel, (Potentialmanagement), Potentialmanagement: Informations- und Reservierungssysteme, in: Freyer, Walter / Pompl, Wilhelm (Hrsg.), Reisebüro-Management, München/Wien 1999, S. 142–159.
- Touristik Report (Hrsg.), Praxisreport Systemwelt Reisebüro, Ausgabe 1/2008, Beilage zum Touristik Report.
- Voigt, Peter, (Finanzmanagement), Finanzmanagement im Reisebüro, in: Freyer, Walter / Pompl, Wilhelm (Hrsg.), Reisebüro-Management, München/Wien 1999, S. 249–264.

8 Ausgewählte rechtliche Aspekte

Lernziele ◎

Am Ende dieses Kapitels sollten Sie Folgendes kennen bzw. können:

- Rechtsbereiche bei Reiseveranstaltern und Reisemittlern;
- Zusammenhänge zwischen den einzelnen Rechtsparteien (Reiseveranstalter, Reisemittler, Reisender);
- Möglichkeiten zur Aufhebung eines Reisevertrages;
- Rechte (und Pflichten) bei Reisemängeln.

Touristikunternehmen unterliegen auch juristischen Rahmenbedingungen

Weitere Informationen, Fallbeispiele und Übungen unter
www.tourismus-grundlagen.de

8.1   Grundlagen des Reiserechts

Nachdem Sie sich in den vorigen Kapiteln mit den operativen Tätigkeiten bei Reiseveranstaltern und Reisemittlern beschäftigt haben, wird Ihnen nun abschließend noch einen Überblick über den rechtlichen Rahmen bei Reiseveranstaltern und Reisemittlern gegeben.

Gegenstand des Reiserechts sind verschiedene Rechtsbereiche, die ineinandergreifen. Zu nennen sind an dieser Stelle beispielsweise das Pauschalreise- und das Individualreiserecht, das Reisevermittlungsrecht, das Reiseversicherungsrecht, das nationale und das internationale Reiserecht sowie weitere verschiedene Gesetzestexte, die ebenfalls von Relevanz sind, auf deren Darstellung aber an dieser Stelle verzichtet wird.

Da es, wie Sie sicherlich erkannt haben, kein allumfassendes Reisegesetzbuch gibt, gelten im Wesentlichen die §§ 651 a–m BGB, die das Reisevertragsrecht von Veranstalterreisen beinhalten. Sie regeln somit das Schuldverhältnis zwischen einem Reisenden und dem Reiseveranstalter, der eine Pauschalreise produziert, gelten jedoch nicht für Vermittlungsleistungen, wie sie Reisebüros i.d.R. erbringen oder wie sie auch von Reiseveranstaltern in Ausnahmefällen erbracht werden.

Daher muss differenziert werden, wer der Reiseveranstalter ist:

–   Reiseveranstalter ist derjenige, der aus (subjektiver) Sicht des Reisenden die Leistungen als eigene anbietet.

–   Das Reisevertragsrecht gilt auch für nicht gewerbliche Veranstalter.

–   Dies ist unabhängig von der Bezeichnung der veranstaltenden Institution oder von eigenen (anderslautenden) AGB-Regelungen gültig

–   Laut Urteil des EU-Gerichtshofs vom 30.4.2002: auch Reisen, die von einem Reisebüro auf Wunsch und nach den Vorgaben eines Verbrauchers zusammengestellt werden; d.h. ein Mittler wird – laut EU – durch die „Verbindung der touristischen Leistungen im Voraus" zum Pauschalreiseveranstalter.

Ein Reisemittler tritt grundsätzlich als Erfüllungsgehilfe des Reiseveranstalters auf und haftet gegenüber seinen Kunden aufgrund eines Geschäftsbesorgungsvertrags (§§ 675, 631 BGB) daher nur für seine eigene Tätigkeit, wie zum Beispiel Informations- oder Beratungsfehler. Der Adressat im Falle von Leistungsmängeln bleibt der Reiseveranstalter. Stellt das Reisebüro hingegen auf Wunsch des Kunden mehrere Leistungen zusammen, wird es automatisch zum Reiseveranstalter und ist daher für Mängel haftbar zu machen.

Abbildung 8.1 zeigt zur Verdeutlichung die Rechtsbeziehungen zwischen den verschiedenen Akteuren bei Veranstalterreisen.

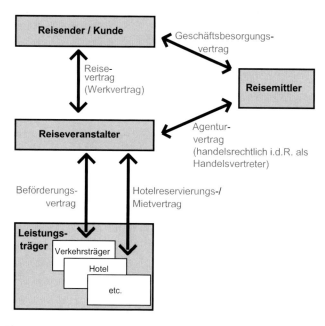

Abb.8.1: *Rechtsbeziehungen zwischen den Akteuren bei Veranstalterreisen*

Wichtige Erkenntnisse

- Das Reisevertragsrecht des BGB regelt die wesentlichen Rechte und Pflichten der Reisevertragsparteien.

- Ein Reisemittler tritt als Erfüllungsgehilfe des Reiseveranstalters auf. Stellt der Reisemittler jedoch eigene Reisen aus mehreren Bausteinen zusammen, wird er selbst zum Reiseveranstalter.

8.2   Reisevertragsrecht: Rechtsprobleme

Der Katalog des Reiseveranstalters stellt eine Aufforderung zur Abgabe eines Vertragsangebots durch den Kunden (invitatio ad offerendum) dar. Er gilt somit als Trägermedium zur Konkretisierung der Leistungspflichten des Veranstalters und muss dem Grundsatz der Prospektwahrheit und -klarheit genügen. Das bedeutet, dass die Prospektangaben richtig bzw. wahrheitsgemäß sein müssen, negative Eigenschaften nicht verschwiegen werden dürfen und der Prospektaufbau klar sein muss und relevante Informationen dort stehen müssen, wo man sie erwartet.

Zudem regelt die Informationsverordnung von 1994 diverse Rechte und Pflichten des Reiseveranstalters. So muss der Reiseveranstalter zu verschiedenen Zeitpunkten (im Prospekt, vor Vertragsschluss, in der Reisebestätigung und vor Reisebeginn) bestimmte Informationen angeben, die dem Reisenden mehr Sicherheit verschaffen sollen. Im November 2008 wurde die Informationsverordnung erweitert; sie erlaubt dem Reiseveranstalter unter besonderen Bedingungen, die im Katalog ausgeschriebenen Preise nachträglich anzupassen.

Wurde nun ein rechtsgültiger Reisevertrag zwischen den beiden Parteien (Reisender und Reiseveranstalter) geschlossen, so können diese unter bestimmten Voraussetzungen von diesem zurücktreten. Die Möglichkeiten sind im Folgenden kurz zusammengefasst.

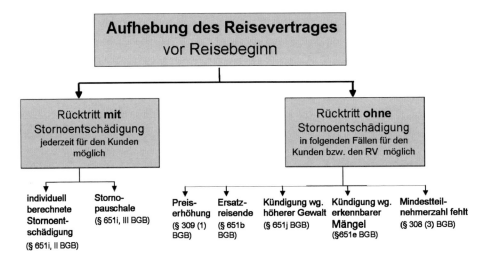

Abb.8.2: *Aufhebung des Reisevertrages vor Reisebeginn*

Treten *während* der Reise Mängel auf, hat der Reisende ebenfalls, je nach Schwere des Mangels, verschiedene Ansprüche gegenüber dem Reiseveranstalter:

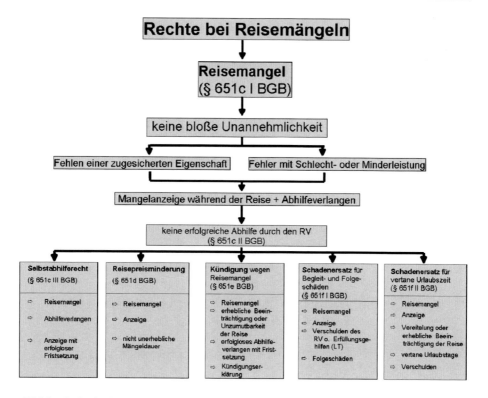

Abb.8.3: Rechte bei Reisemängeln

Dieses Kapitel soll Ihnen nur einen Überblick über ausgewählte rechtliche Aspekte bei Reiseveranstaltungen und Reisemittlungen geben. Für tiefer gehende Informationen über diese Thematik sei an dieser Stelle auf die einschlägige Fachliteratur verwiesen.

Wichtige Erkenntnisse

▨ Bei einem Reisemangel hat der Reisende neben dem Abhilfeverlangen fünf Möglichkeiten zum Handeln (je nach Schwere des Mangels):

- Selbstabhilferecht,

- Reisepreisminderung,

- Kündigung wegen Reisemangel,

- Schadensersatz für Begleit- und Folgeschäden,

- Schadensersatz für vertane Urlaubszeit.

8.3 Umsatzsteuerliche Besonderheiten der Reiseveranstaltung

Reiseveranstalters und Reisemittler unterliegen, wie jedes andere deutsche Unternehmen, dem deutschen Steuerrecht. Es gibt jedoch einige Besonderheiten, insbesondere im Umsatzsteuerrecht, auf die im Folgenden kurz hingewiesen wird (für eine Vertiefung dieses komplexen steuerrechtlichen Lehrstoffs lesen Sie bitte in der am Ende angegebenen Fachliteratur nach).

Bei Reiseleistungen stellt sich die Frage, zu welchem Zeitpunkt die Umsätze realisiert sind, also erfolgswirksam in der Finanzbuchhaltung verbucht werden müssen. Grundsätzlich hat dies dann zu erfolgen, wenn der Reisende die Leistung in Anspruch genommen hat und diese – aufgrund des Ihnen bekannten Uno-Actu-Prinzips – vom Veranstalter/Reisemittler erbracht wurde. Denkbare Zeitpunkte sind der Tag:

- des Vertragsabschlusses (hier hat jedoch allenfalls der Reisemittler einen Teil seiner (Vermittlungs-)Leistung erbracht),

- der Ausstellung von Reiseunterlagen, Vouchern, Flugtickets etc.,

- des Reisebeginns (dieses Datum wird von vielen Veranstaltern gewählt, insbesondere im Rahmen des sog. International Accounting Standards IAS / IFRS; hier ist jedoch die Leistung noch nicht erbracht; auch können eventuelle reisepreismindernde Mängel noch auftreten),

- des Reiseendes (dieses Datum scheint das sinnvollste, da hier die gesamte Reiseleistung erbracht wurde).

Vor diesem Realisationszeitpunkt eingehende Kundengelder stellen Verbindlichkeiten für den Veranstalter dar; sie werden auf z.B. einem Konto „erhaltene Kundenanzahlungen" verbucht. Vor diesem Realisationszeitpunkt vom Veranstalter an seine Leistungsträger entrichtete Zahlungen stellen Forderungen dar; sie werden auf z.B. einem Konto „geleistete Anzahlungen an Leistungsträger" verbucht.

Die an das Finanzamt abzuführende Umsatzsteuer errechnet sich – ganz „normal" – als Differenz aus der Mehrwertsteuer aus den verkauften Reiseleistungen bzw. erhaltenen Provisionen und den Vorsteuerbeträgen, die sich aus den Rechnungen für bezogene Leistungen resultieren. Im Unterschied zu anderen Unternehmen wird die Mehrwertsteuer bei Reiseveranstalterleistungen jedoch nicht einfach als Prozentsatz auf einen (Netto-)Betrag berechnet, sondern über ein komplizierteres Verfahren, die sog. Margenbesteuerung, ermittelt. Bei der Vorsteuer dürfen Steuerbeträge, die in den Rechnungen der Leistungsträger enthalten sind, vom Veranstalter nicht angesetzt werden, sondern die Leistungsträgerrechnung wird insgesamt („brutto") als Aufwand für Reisevorleistungen angesetzt („Bruttoprinzip"). Die dem Reiseveranstalter durch seine (in- oder ausländischen) Leistungsträger in Rechnung gestellte Vorsteuer darf er also *nicht* gesondert von der Mehrwertsteuer-Last abziehen.

Beispiel Bruttoprinzip Margenbesteuerung ◎

a) Ein Fernsehhändler kauft bei seinem Großhändler einen Fernseher für 1.190,- EUR (inkl. 19% MwSt = 190,- EUR) ein und verkauft ihn für 1.547,- EUR (inkl. 19% MwSt = 247,- EUR) an einen Kunden. Seine Rechnung sieht wie folgt aus:

   Nettoumsatz: 1.300,- EUR

- Wareneinsatz: 1.000,- EUR

= 300,- EUR Deckungsbeitrag

   MwSt: 247,- EUR

- VSt: 190,- EUR

= 57,- EUR an das Finanzamt abzuführende Umsatzsteuerzahllast

---

b) Ein Reiseveranstalter kauft bei seinen Leistungsträgern ein Hotelzimmer in Frankreich und einen Flug von Deutschland nach Frankreich für insgesamt 1.190,- EUR (inkl. 19% MwSt = 190,- EUR) ein und verkauft diese Leistungen als Pauschalreise für 1.547,- EUR an einen Kunden. Seine Rechnung sieht wie folgt aus:

   Bruttoumsatz: 1.547,- EUR

- Reisevorleistungen: 1.190,- EUR

= 357,- EUR (Brutto-)Marge

darin enthaltene MwSt = 357,- EUR – (357,- EUR / 1,19) = 57,- EUR

= 57,- EUR an das Finanzamt abzuführende Umsatzsteuerzahllast

---

c) Ein Reiseveranstalter kauft bei seinen Leistungsträgern ein Hotelzimmer in Kanada und einen Flug von Deutschland nach Kanada für (z.T. aus CAD umgerechnet) insgesamt 1.190,- EUR (inkl. 19% MwSt = 190,- EUR) ein und verkauft diese Leistungen als Pauschalreise für 1.547,- EUR an einen Kunden. Seine Rechnung sieht wie folgt aus:

   Bruttoumsatz: 1.547,- EUR

- Reisevorleistungen: 1.190,- EUR

= 357,- EUR (Brutto-)Marge

darin enthaltene MwSt = 0,- EUR (da Kanada ein sog. Drittland ist und Reiseleistungen dorthin nicht der Umsatzsteuer unterliegen, s.u.).

= 0,- EUR an das Finanzamt abzuführende Umsatzsteuerzahllast

Im § 4 des Umsatzsteuergesetzes sind einige Leistungen als Ausnahmen beschrieben, für die keine Umsatzsteuer anfällt. So sind – für Sie touristisch relevant – z.B. die Umsätze der Seeschifffahrt und der Luftfahrt im grenzüberschreitenden (!) Verkehr bzw. im Ausland sowie die Vermittlung dieser Umsätze durch Reisemittler (im Auftrag der Reederei/Airline) umsatzsteuerfrei. Nicht befreit ist jedoch die Vermittlung von Umsätzen durch Reisebüros *für Reisende* (§ 4 Nr. 5 Satz 2 UStG); erhebt das Reisebüro also ein Vermittlungsentgelt („Service-Pauschale", „Vermittlungs-Fee") von seinen Kunden, so unterliegt dieses Entgelt ganz „normal" der Umsatzsteuer. Im Falle der Vermittlung von grenzüberschreitenden Flügen gibt es Vereinfachungsregelungen, zu welchem Anteil bzw. in welcher Höhe das Vermittlungsentgelt zu versteuern ist.

§ 25 UStG regelt die Besonderheiten der sog. Margenbesteuerung. Demnach sind Reiseleistungen umsatzsteuerfrei, sofern deren Reisevorleistungen außerhalb des EU-Gebietes bewirkt werden (z.B. ein Hotel liegt in Kanada) oder eine EU-Grenzenüberschreitende Beförderung mit Seeschiffen oder Luftfahrzeugen erfolgt (z.B. Flug von Deutschland nach Kanada). Bei Flügen gilt aufgrund einer zulässigen Vereinfachung das Zielortsprinzip, d.h. die Flugstrecke muss nicht aufgeteilt werden. Reisevorleistungen sind dabei solche Leistungen, die von einem Dritten erbracht werden und dem Reisenden *unmittelbar* zugutekommen. (§ 25 Abs. 1 Satz 5).

Neben den Reisevorleistungen nutzen Veranstalter oft Eigenleistungen (z.B. eigene Reiseleiter, eigene Hotels). Diese bzw. die auf diese Eigenleistungen entfallende Umsatzanteile einer Pauschalreise sind nach der Regelbesteuerung, also „ganz normal", zu versteuern.

Aus diesen Regelungen resultiert, dass die (Brutto-)Marge aus einer Pauschalreise also gemäß den Anteilen an:

- umsatzsteuerpflichtigen Reisevorleistungen,

- umsatzsteuerfreien Reisevorleistungen,

- Eigenleistungen

aufgesplittet und jeweils gesondert umsatzsteuerlich behandelt werden muss. Es würde den Rahmen dieses Buches sprengen, die genaue Vorgehensweise bei der Berechnung hier aufzuzeigen; wenn Sie Detailkenntnisse hierzu benötigen, schauen Sie bitte in der steuerlichen Fachliteratur nach:

Zur Vereinfachung der Berechnungen können nach dem sog. **Gruppenmargenprinzip** mehrere einzelne Reiseleistungen zusammengefasst werden (z.B. alle Buchungen einer Gruppenreise, einer Kreuzfahrt etc.) oder nach dem sog. **Gesamtmargenprinzip**, welches in der Tourismuspraxis i.d.R. angewendet wird, können alle Reiseleistungen innerhalb eines bestimmten Zeitraums gemeinsam abgerechnet werden.

Wichtige Erkenntnisse

- Reiseleistungen unterliegen hinsichtlich der Umsatzsteuer bestimmten Besonderheiten.
- Manche Vermittlungsleistungen sind umsatzsteuerfrei.
- Manche Veranstalterleistungen sind umsatzsteuerfrei.
- Die Berechnung der Umsatzsteuer aus Veranstalterleistungen erfolgt nach der sogenannten *Margenbesteuerung*.

Vertiefungsfragen ?

? Erläutern Sie, was man unter dem Grundsatz der *Prospektklarheit* bezogen auf einen Reiseveranstalterkatalog versteht!

? Unter welchen Bedingungen kann ein Urlauber nach Reiseantritt seine Pauschalreise kündigen?

? Nennen Sie fünf Beispiele für höhere Gewalt, die zur Kündigung des Reisevertrags berechtigen.

Literaturhinweise

- Hässel, Günter / Rummel, Jörg, Besteuerung, Buchführung und Vertragsrecht der Reisebüros, aktuelle Auflage.
- Henkel, H. Jürgen, Die Umsatzsteuer der Reisebüros und Reiseveranstalter, aktuelle Auflage.
- Füth, Günter / Walter, Erich, Buchführung für Reiseverkehrsunternehmen, hrsg. vom DRV, aktuelle Auflage.
- Kamphausen, Rudolf E., Buchführung für Reiseverkehrskaufleute: mit Prüfungsaufgaben, aktuelle Auflage.
- Bach, Thomas, Buchführung, Jahresabschluss und Controlling im Reiseverkehrsunternehmen, hrsg. vom DRV, Frankfurt 2000.
- sowie die gesetzlichen Grundlagen: UStG, UStR, UStDV, erläuternde Schreiben des BMF.
- sowie weiterführend: SteuerBrief Touristik.

9 Literaturverzeichnis

Bechhofer, Jack, Reisevertragsrecht, München 1995.

Becker, Marketing-Konzeption: Grundlagen des strategischen und operativen Marketing-Managements, 8. Auflage, 2006.

Bidinger, Rita / Müller, Ralpf, Reisevertragsrecht, Schmidt-Verlag, Berlin.

Bleile, G., (Zukunftstrends), Zukunftstrends der touristischen Nachfrage in der Bundesrepublik Deutschland, in: Revue de Tourisme, 43. Jg., Nr.3/1988, S. 19–23.

Dowling R.K. (Hrsg.), Cruise Ship Tourism, Joondalup 2006.

Eisner, Helmut, Reiserecht-Entscheidungen, hrsg. vom ADAC, München.

Führich, Ernst, Reiserecht, Handbuch des Reisevertrags-, Reiseversicherungs- und Individualreiserechts, Müller-Verlag, Heidelberg.

Führich, Ernst, Wirtschaftsprivatrecht, Grundzüge des Zivil-, Handels-, Gesellschafts-, Wettbewerbs- und Verfahrensrechts für Wirtschaftswissenschaftler und Unternehmenspraxis, München.

Füth, Günter / Walter, Erich, Buchführung für Reiseverkehrsunternehmen, 8. Aufl., Frankfurt/Main 1993.

Hebestreit, D., Touristik Marketing Grundlagen, Ziele, Basis-Informationen, Instrumentarien, Strategien, Organisation und Planung des Marketing von Reiseveranstaltern. Ein Handbuch für den Praktiker, 4. Auflage, Berlin, 2000.

Heinz, Thomas, Reisevertragsrecht in der Praxis, Berlin.

Hofmann, W., Die Flugpauschalreise, in: Mundt (Hrsg.), Reiseveranstaltung, S. 123–164.

Intat, J.-U., Vergleich horizontaler und vertikaler Diversifikation aus der Sicht deutscher und schweizerischer Reiseveranstalter, Bern/Stuttgart/Wien 1995.

Kaller, Paul, Reiserecht, Beck-Verlag, München.

Kaspar, C., (Tourismuslehre), Die Tourismuslehre im Grundriss, 5. Auflage, Bern/Stuttgart/Wien 1996.

Kirstges, Torsten, Expansionsstrategien im Tourismus, 3. Auflage, Wilhelmshaven 2005.

Kirstges, T., IT-Einsatz bei Reisemittlern, in: Schulz Axel, u.a., Informationsmanagement im Tourismus, München 2010

Kirstges, Torsten, „IT-Nutzung in Reisebüros", Ergebnisse einer empirischen Studie zur Nutzung von Computerreservierungssystemen (CRS) und weiterer Informationstechnologie (IT) in Reisebüros, Wilhelmshaven 2007.

Kirstges, Torsten / Schmoll, Enno, Kampf der Systeme – welche IT braucht das Reisebüro?, Wilhelmshaven 2008.

Kirstges, T., Unternehmensform, Die Wahl der Unternehmensform als wirtschaftliches Problem in der Tourismuswirtschaft, in: Tourismus Jahrbuch, Heft 2/1997, S. 91–116.

Meier, Rolf / Maess, Thomas, Back-Office, in: Das Reisebüro – erfolgreich gründen und führen, Neuwied/Kriftel/Berlin 1997.

Mundt, J., Reiseveranstaltung, 5. Auflage, München/Wien 2000.

Nies, Irmtraud, Reisebüro – Rechts- und Versicherungsfragen, Beck-Verlag, München.

Nies, Irmtraud / Traut, Udo, Reiserecht, Beck-Verlag, München, neueste Auflage

o.V., (Leisure Profiles), Produktblatt Amadeus Customer Leisure Profiles, http://www.amadeus.com/de/documents/aco/de/de/PB_Customer_Leisure_Profiles.pdf.

o.V., Tabellen der Verbraucheranalyse 1988, nach: Heinrich Bauer Verlag, Marktreport, S. 43–46.

Pick, Eckhart, Reiserecht, Beck-Verlag, München.

Pompl, W., Touristikmanagement 1 – Beschaffungsmanagement, Berlin/Heidelberg/New York 1994.

Roth, P., (Grundlagen), Grundlagen des Touristikmarketing, in Roth, Peter / Schrand, Axel, Touristikmarketing, 2. Auflage, München 1995, S. 27–144.

Schlotmann, Regina, Das Recht der Pauschalreise, Reklamationen in der touristischen Praxis, Neuwied/Kriftel/Berlin 1993.

Schlotmann, Regina, Das Reisevertragsgesetz: Theorie und Praxis; eine empirische Untersuchung über Reisereklamationen von Pauschaltouristen, Dissertation, Bochum 1992.

Schulz, Axel, Potentialmanagement: Informations- und Reservierungssysteme, in: Freyer, Walter / Pompl, Wilhelm (Hrsg.), Reisebüro-Management, München/Wien 1999, S. 142–159.

Schulz Axel, Verkehrsträger im Tourismus, München 2009.

Schulz Axel, u.a., Informationsmanagement im Tourismus, München 2010

Seyderhelm, Bernhard, Reiserecht, Müller-Verlag, Heidelberg.

Voigt, Peter, (Finanzmanagement), Finanzmanagement im Reisebüro, in: Freyer, Walter / Pompl, Wilhelm (Hrsg.), Reisebüro-Management, München/Wien 1999, S. 249–264.

Xanke, Peter / Dutschke, Ingrid, Praxis des Pauschalreiserechts, Verlag Recht und Praxis, Kissing.